Sylvia Furmaniak

Warum ein roter R4 nicht in eine hellgrüne Schublade passt

oder

Wie ein Virus meine Welt veränderte

Copyright: © 2023 Sylvia Furmaniak
sylvia@meinroterr4.de | www.meinroterr4.de
Lektorat: Ina Kleinod
Umschlag & Satz: Erik Kinting
Grafik Cover: Sarah Isabo

Verlag und Druck:
tredition GmbH
An der Strusbek 10
22926 Ahrensburg

Softcover   978-3-347-82551-2
Hardcover   978-3-347-82560-4
E-Book   978-3-347-82563-5

Bibliografische Information der Deutschen Nationalbibliothek:
Die Deutsche Nationalbibliothek verzeichnet diese Publikation in der Deutschen Nationalbibliografie; detaillierte bibliografische Daten sind im Internet über http://dnb.d-nb.de abrufbar.

Für meinen Schatz & Hütedrachen.

Dieses Buch ist Franz gewidmet.
In tiefer Liebe und Verbundenheit.
Danke für Deine Wurzeln.

Inhalt

Prolog

Vermutlich ist es ein urmenschliches Phänomen, Menschen, Ereignisse, Erlebnisse oder Emotionen in innere Schubladen packen zu wollen. Das erzeugt, wenigstens für einen winzigen Augenblick, das beruhigende Gefühl, dass alles in Ordnung ist und seinen Platz hat. Das Nervensystem kann sich entspannen. Befriedigung und Wohlbehagen stellen sich ein. Manchmal sorgt dieses Prinzip auch für ein Gefühl von Kontrolle, in dem Sinne: *Ich habe alles im Griff.* Es ist ein Energiesparmodus, der uns gesund erhalten oder auch einschlafen lassen kann. Ja, dieses Einteilen, Sortieren und Kategorisieren entlastet praktischerweise das menschliche Gehirn. Die Hirnnerven können wie breite, eingefahrene Autobahnen genutzt werden. Alles hat seinen festen Platz und kann zügig gefunden werden.

Bei Gefahr oder Flucht kann dieses Prinzip sogar überlebensnotwendig sein. Wenn der Säbelzahntiger mit der Kette rasselt und uns in eine akute Notlage bringt, findet sich nämlich in der entsprechenden Schublade sofort ein Flucht- oder Notfallplan, der uns das Leben rettet – oder wenigstens den Tag.

Oft genügt schon das Aussehen, das Verhalten, der Beruf, die Schuhe, die Frisur oder das Auto, um eine passende Schublade für unsere Mitmenschen zu öffnen. In eine Schublade gesteckt zu werden, die nicht passt, bringt allerdings bei den meisten von uns einen inneren Vulkan zum Brodeln.

Klar, natürlich gibt es auch die Box „Unterbewusstsein". Hier werden bei Bedarf unterdrückte Emotionen, unliebsame Erinnerungen oder verdrängte Erfahrungen versteckt. Das ist legitim. Es darf Boxen geben, die verstaubt und mit Spinnweben bedeckt geschlossen gehalten werden. Sie gehören zum Leben dazu. Es kann auch Sinn oder Spaß machen, Dinge abzustempeln und in eine Ablagebox zu packen, wie man sie in den meisten Büros vorfindet, die irgendwann randvoll ist und schließlich überquillt. Ob da auch Menschen reinpassen, ist fraglich.

Vermutlich haben alle Schubladen unterschiedliche Farben und Größen, aber sie sind einfach immer eng und begrenzt, (selbst wenn sie viel Platz bieten). Und sie sind eckig und kantig. Ich glaube, wenn ich versuchen würde, mich als Ganzes in eine Schublade zu legen, würde **immer** ein kleiner, wilder, ungehorsamer Zipfel von mir neugierig herausschauen. So, wie ein rotes, sinnliches Kleid, das einfach nicht in einer Schublade verschwinden kann, da es zu kraftvoll ist und unbedingt auf der Straße getragen werden muss.

Das Thema „Schubladen" ist komplex und häufig mit dem Denken in Kausalitäten verbunden. Zum Beispiel ertappe ich mich in meinem Leben oft dabei, wie ich mir innerlich einen Plan zurechtlege und mir detailliert ausmale: *Wenn ich dieses oder jenes mache, dann passiert genau das oder das.* Was aber passiert in dem Moment oder an dem Tag, an dem dieses Kausaldenken nicht mehr funktioniert und jeder Plan wie ein altes Bahnticket entwertet und nutzlos auf den Bahnsteig fällt? Was, wenn der Weg auf der Gehirnautobahn nicht mehr direkt zum bisherigen Ordnungssystem führt, sondern plötzlich von einer roten Warnbarke versperrt wird?

Dann wird es richtig spannend!

Out of the box kommen wir mit der Essenz in Kontakt, also mit dem, was uns wirklich im Leben trägt. Wahre Spiritualität zeigt sich meist erst dann, wenn es keine warme, vertraute und sichere Schublade mehr gibt und wir herausgefordert sind, jenseits von Gewohntem zu leben. Worauf greifen wir dann zurück? Was hält uns in diesen Zeiten? Und was macht in haltlosen Momenten noch Sinn? Was führt uns aus tiefer Verzweiflung heraus und wieder zurück auf die richtige Fährte?

Eine letzte Frage: Lässt sich das bunte Wunder des Lebens überhaupt so einfach in Schubladen schieben? Oder geht es nicht vielmehr darum, jedes Quäntchen davon in seiner Einzigartigkeit zu sehen, zu lieben, zu würdigen und täglich neu an die Schönheit der Existenz, an das Feine, Zarte, Zerbrechliche erinnert zu werden – ja, an unsere heilige Essenz?

Vor der Sackgasse scharf links ab!

Zum Glück habe ich die Kurve bekommen. Im Februar stehe ich barfuß am eiskalten Strand am Meer in Italien. Franz ritzt die Worte „back to life" in den Sand. Zehn Wochen zuvor – an meinem 51. Geburtstag – habe ich noch meine Beerdigung geplant und mich verabschiedet. Es ist ein Wunder passiert und ich bin immer noch da. Nur anders als vorher. Vorher hatte ein Virus mein Leben auf den

Kopf gestellt. Jetzt ist nichts mehr wie früher, alles ist verändert. Neu. Als ich nach einem Jahr im Krankenbett wieder die ersten Schritte im Hof schaffte, war alles magisch für mich. Ich atmete das Leben ein wie ein sanftes Wunder. Jeder Regentropfen auf meiner Haut, jeder Duft einer leuchtenden Blüte versetzte mich in tiefe Dankbarkeit und eine kleine tanzende Ekstase. Wann hatte ich dieses Gefühl verloren?

Aber jetzt von vorne …

Die Familien-Box

Geschichtenlauschen

Meine Mutter hat mir erzählt, ich sei eine schnelle Blitzgeburt gewesen. Nach knapp 25 Minuten war ich auf der Welt und landete sofort im Brutkasten, keine zwei Kilo leicht. So begann mein Leben allein und in Stille, wenn auch auf der Kinderstation. Die leisen Qualitäten sind übrigens auch heute noch das, was ich sehr schätze und wofür ich dankbar bin.

Nicht lange danach liebte ich es, mit meinen roten Gummistiefeln durch die Natur zu hüpfen. Ich mochte es, durch hohe duftende Wiesen zu laufen, Blumen zu pflücken oder mit Jungs auf dem Bolzplatz Fußball zu spielen. Von anderen habe ich schon früh gehört, ich sei ein Sonnenschein und würde immer so strahlen.

Ich schätzte es von klein auf, den Geschichten aus Familien-Boxen zu lauschen – und später machte ich genau das sogar zu meinem Beruf –, denn sie zeigten mir auf inspirierende Art die ganze Welt der menschlichen Dualität. In Familien-Boxen-Geschichten geht es häufig gleichermaßen um

Verbundenheit und um Einzigartigkeit, also um den kleinen, scharfen Schnittpunkt, der diese beiden Wesensmerkmale in Familien auf ganz besondere Weise miteinander verknüpft. Dieser Schnittpunkt fühlt sich häufig „dicht" an und verworren, manchmal sogar dunkel, wie ohne Tageslicht. Aber genau da, genau an dieser kleinen, schmalen Stelle ist oft die Antwort auf die Frage verborgen, was eine Familie verbindet und welchen Raum jedes Familienmitglied erhält, um seine einzigartige Andersheit leben zu können.

Wenn ich meine Familiengeschichte auslassen würde, wäre das wie ein erheblicher weißer blinder Fleck auf der Landkarte meines Lebens, den ich meinem Publikum vorenthielte. Außerdem könnten allein die einzigartigen Geschichten meiner Ahnen und Ahninnen bereits ein eigenes Buch füllen. All diese Menschen, Erlebnisse und Schicksale sind ein Teil von mir. Sie haben mich geprägt. Und es scheint so, als würden sich manche Geschichten sogar wiederholen. Als wären sie auf magische Weise über Generationen hinweg ineinander verflochten.

Eigentlich haben sich schon früh in meinem Leben zentrale Fragen gestellt: *Was ist denn eigentlich*

Schicksal, was ist Dharma oder Karma? Was kommt woher und was kann ich ändern? Was muss ich annehmen, akzeptieren und lieben lernen? Ich habe mich so oft gefragt, wo und wie unser Schicksal, unsere Lebensgeschichte oder auch unsere „Tragödien" eigentlich beginnen. Gibt es da tatsächlich einen Anfang? Oder sind die Ereignisse – Verknüpfungen und Verläufe, Brüche und Nahtstellen – nicht eher wie Perlen aneinandergereiht und aufgefädelt auf eine Lebenskette, deren Faden von Familienmitglied zu Familienmitglied, über Generationen hinweg gehalten und weitergereicht wird?

Müsste ich meine Familie einem Genre zuordnen, so wäre das wohl am ehesten ein Thriller, ein Krimi oder manchmal auch eine Komödie. Dementsprechend sieht auch die „Kette" meiner Familie aus. Sie besteht nicht gleichmäßig aus weißen Perlen. Nein, sie gleicht vermutlich am ehesten einer bunten Halskette, so, wie Kinder sie oft tragen. Manche Perlen wären aus Holz, manche aus Glas, mal wäre ein Kiesel- oder ein Edelstein dazwischen oder sogar ein schillernder Diamant. Manche Perlen wären klein, manche groß, einige rund, andere eckig oder kantig, sie wären hell oder dunkel, einfarbig oder schillernd bunt. Genauso bunt und vielfältig sind die Geschichten meiner Familie, die hinter jeder Perle stecken. Manche Geschichten sind so skurril, dass ich mir die Freiheit genommen habe, sie etwas ausführlicher zu beschreiben. Andere halte ich etwas kürzer. Aber sie alle sind ein wahrer Teil meines frühen Kinderlebens.

Die Familie meines Vaters

Mein Vater ist in Budaörs geboren, das ist ein Vorort von Budapest in Ungarn. Er war knapp über drei Jahre alt, als die gesamte Familie am 3. Februar 1946, kurz nach dem Zweiten Weltkrieg, vertrieben wurde. Alle Familienmitglieder wurden in einen verriegelten, kalten Zug gesperrt und nach Deutschland deportiert. Noch heute steht eine alte Holzkiste in unserem Wohnzimmer, in die meine Großeltern auf der Flucht ihre wenigen Habseligkeiten gepackt haben.

Meine Großmutter hat vor lauter Schmerz über den Verlust ihre alte Heimat nie wieder besucht.

Die Mutter meines Vaters und ihre Schwestern

Meine Oma gehörte als Tochter des Bürgermeisters zu den reichsten Leuten des kleinen ungarischen Dorfes. Ihre Familie besaß viel Grund und Boden, große Pfirsichplantagen und Weinberge. Sie kelterten noch selbst. Die Pfirsichbäume trugen für mich die leckersten Früchte der Welt – so aromatisch und süß. Ihr klebriger Saft ist mir immer zwischen die Finger getropft.

Als es noch den „Eisernen Vorhang" gab, war ich oft gemeinsam mit meinem Vater in seiner alten Heimat. Wir haben dann immer bei seiner Tante gewohnt. Die Wasserpumpe stand auf der Straße und wir mussten uns am Waschstein in der Küche mit dem kalten Wasser begnügen. Das Klo stand draußen im Garten, ein Plumpsklo. Es war alles so einfach gehalten und ursprünglich geblieben. Auch hier gab es im Sommer herrlich duftende Pfirsiche, pralle rote Tomaten und zuckersüße Trauben im Garten hinter dem Haus. So durfte ich als Kind ein Stück Heimat meiner Vorfahren erleben.

Nach der Flucht 1946 wohnten meine Großeltern, mein Vater und seine Schwester zunächst in dem kleinen Dorf Eschelbach im fränkischen Hohenlohe bei Neuenstein. Später zogen dann alle hinüber in die Stadt, in eine kleine Kellerwohnung direkt am Bahnhof. Es gab dort viele Ratten, und in der Erinnerung meines Vaters vertrieb seine Mutter die Biester mit einem Stock, wenn er als kleines Kind in der Badewanne eingeschlafen war.

Mein Vater war gut in der neuen Welt angekommen. Er hatte schnell viele Freunde gefunden, wie alle Lausbuben heckten sie zusammen ständig etwas aus, und später, im Jugendlichenalter, brach bei ihnen das Fußballfieber aus. Als wir noch klein waren, freuten mein Bruder und ich uns jeden Abend schon diebisch auf eine seiner Gutenachtgeschichten. Wir liebten es besonders, wenn er von den Faxen und Streichen aus seiner Kindheit erzählte. Damit entführte er uns in eine ganz andere Welt, die mir ganz herrlich in Erinnerung geblieben ist.

Immer montags, wenn unsere Mutter beim „Hausfrauenturnen" war, spielten wir vor der Bettgeschichte noch eine Runde Verstecken in der Wohnung. Unser Vater hatte die besten Ideen, uns unsichtbar werden zu lassen, er bugsierte uns zum Beispiel in den Ofen oder schob uns ganz hoch oben auf den Schrank. Und manchmal durften wir auch aus einem winzigen Fingerhut einen kleinen Schluck Eierlikör probieren.

Irgendwann haben meine Großeltern ein eigenes Haus gebaut, in dem wir Kinder dann letztlich auch aufgewachsen sind. Natürlich gab es im Garten einen Pfirsichbaum, aber auch einen großen Zwetschgenbaum und viele Traubenstöcke. Ich erinnere mich noch deutlich an den Geruch meiner Oma, der irgendwie sehr besonders war. Überhaupt war sie ganz anders als andere Großmütter im Ort, denn sie fiel immer auf. Sie trug einen beinahe bodenlangen weiten dunklen Rock, über den ein Schurz gebunden war, eine dunkle, durchgeknöpfte Bluse und ein Kopftuch – die Tracht ihrer Heimatregion. Außerdem reichten ihre Haare hinunter bis zum Po, sie wurden jeden Tag gekämmt, geflochten und dann zu einem Dutt hochgesteckt. Es gab wie in Ungarn einen Waschstein, an dem meine Oma ihre tägliche Körperpflege verrichtete. Es gab weder Dusche noch Badewanne, nur kaltes Wasser aus dem Hahn. Und ich habe nie gesehen, dass sie jemals ihre Haare gewaschen hätte, bis an ihr Lebensende war ihr Haar aber lang, dunkel und glänzend. Nachdem die traditionellen ungarischen Kleider meiner Oma irgendwann abgenutzt waren, konnte sie meine Mutter zu einem „deutschen Kleid" überreden – blau und mit Blumen bedruckt. Als nach Jahren die Ärmel verschlissen waren, hat sie sie kurzerhand abgeschnitten, sie wurden jedes Jahr im Zickzackmuster kürzer. Dieses Kleid trug sie bis zu ihrem Tod.

Ab und zu kam der Sohn ihres Bruders – mein Onkel Martin – mit seinem kleinen fahrenden Einkaufsparadies zu Besuch, es war jedes Mal wie ein Geschenk für meine Oma. Sein Transporter war dann bis unter das Dach vollgepackt: Nadel und Faden, Stoffe, ungarische Würste, wenigstens das war ein kleines Fest für sie.

Meine Oma wurde 93 Jahre alt. Ich habe sie sehr geliebt.

In meiner Erinnerung springe ich die Treppe herunter und sitze bei ihr und ihren Schwestern auf dem Sofa. Es gibt jeden Tag Nudelsuppe. Ich darf aus einer kleinen Aluschale Nudeln mit Salz naschen. Sie kratzt mit dem Kochlöffel meinen Rücken, seine glatte Kühle spüre ich noch immer auf meiner Haut.

Wahrscheinlich ist meine Oma an der Flucht zerbrochen. Oder am Anderssein in der neuen Heimat, sie hat nie ganz dazugehört. Oder etwas in ihr ging zugrunde, weil mein Opa so arm an Gefühlen war, wie die meisten Männer in dieser Zeit. Mein Vater erzählte mir später einmal, sie habe Zeit ihres Lebens vom Krieg geträumt. Eine solche Erfahrung ist wohl auch kaum zu verkraften, für niemanden. Jedenfalls verließ sie nach ihrem 55. Geburtstag – ich erinnere mich nur vage an den genauen Zeitpunkt – nicht mehr das Grundstück. Selten saß sie unter dem Vordach des Hauses und noch seltener im Garten. Wir wissen bis heute nicht, was genau passiert ist, aber wir vermuten eine schwere Depression, aus der sie nicht mehr herausgefunden hat. Irgendwann kam sie in die Psychiatrie, und ich erinnere mich daran, dass wir sie anfangs besucht haben. Ich war vielleicht neun oder zehn Jahre alt.

Wir betreten die geschlossene Abteilung, alle Fenster sind vergittert, die Türen verriegelt. Ein nackter Mann sitzt an einem Heizkörper, er ist dort festgebunden. Eine Frau spielt mit einem Spuckefaden. Mittendrin sehe ich meine Großmutter – die Abschreckungstherapie, wie der Arzt es meinem Vater gegenüber formuliert, soll ihr helfen, gesund zu werden. Sie wird natürlich nicht gesund, nicht so! Im Gegenteil, sie vegetiert auf einem abgewetzten Stuhl neben einem Elektroölofen vor sich hin.

38 Jahre lang.

Sie isst jeden Tag Suppe aus der Tüte oder Ravioli aus der Dose und immer eine kleine Schale Trauben dazu. Kein frischer Salat, kein Gemüse.

Ihre damaligen Essgewohnheiten widersprachen hartnäckig meiner späteren Überzeugung, dass unbelassene, frische Nahrung für ein gesundes und langes Leben wichtig ist. Sie lebte trotzdem enorm lange, und keiner weiß, was sie im Innersten aufrechterhalten hat.

Kurz vor ihrem Tod hatte meine Großmutter das erste und einzige Mal in ihrem Leben ein Telefon in der Hand. Wir redeten miteinander, und das war wie ein Wunder für sie, für uns beide. Es war unser letztes Gespräch, bevor sie starb.

Die Tanten meines Vaters

Meine Großmutter hatte insgesamt vier Geschwister, drei Schwestern und einen Bruder. Zwei ihrer Schwestern lebten bei uns im Ort, eine davon sogar in unserem Haus. Zu diesen beiden Frauen, meinen Großtanten, hatte ich immer eine besondere Verbindung. Meine Oma hat beide überlebt.

Tante Anna habe ich als verkniffene dünne alte Frau in Erinnerung, die immer alleine gelebt hat. Es hieß immer, sie sei „Jungfrau", aber sie hatte ein Kind. Ihre Eltern haben sie 1946 für viele Jahre nach Belgien geschickt, um dort als Hausmädchen zu arbeiten. Ihre kleine Tochter wurde währenddessen in Ungarn großgezogen. Meine Oma war selten mit dem Haushalt beschäftigt und besaß eher das Gemüt einer Prinzessin, dagegen hatte Tante Anna immer trockene und rissige Hände vom Putzen und Wienern der Böden. Auch sie trug das traditionelle Gewand ihres Heimatlandes.

Dann war da noch die andere Schwester. Sie lebte in der Wohnung über uns und hatte ein herrlich sonniges Gemüt. Wir hörten sie oft lachen und sie strahlte aus jeder Pore pure Energie und Erlebnishunger. Sie hatte drei Ehemänner. Als auch der dritte Mann verstorben war, bandelte sie – ich glaube, da war sie schon über 80 Jahre alt – noch einmal mit ihrer ersten großen Liebe an und begann eine Affäre. Ich erinnere mich, wie eines Abends die Deckenlampe im Wohnzimmer bebte und ein Wackeln durch die Wände ging. Im hohen Alter vergnügte sich meine Tante offensichtlich lustvoll und unverdrossen. Wenn das kein Vorbild für Lebensfreude ist!

Die drei unterschiedlichen Schwestern stecken oft zusammen. Als kleines Mädchen sitze ich zwischen ihnen auf dem roten Sofa im Wohnzimmer neben dem warmen Holzofen. Alle drei lieben mich sehr. Mal wird Ungarisch gesprochen, mal Deutsch. Ein buntes Kauderwelsch zwischen den Kulturen. Meine Mutter kann immer am Duft meiner Haare erkennen, wer mich heute wieder auf meinen Kopf geküsst und liebkost hat.

Eine der Schwestern meiner Oma hatte eine Enkeltochter, die den Mörder in unserer Familie geheiratet hat. Er begann mit der Nachbarin ein Liebesverhältnis, und als es zu einer schweren Auseinandersetzung kam, hackte er ihr einfach den Kopf ab. Ich erinnere mich noch immer schauernd an diese

Geschichte, wie sie immer wieder leise flüsternd durch das Wohnzimmer kroch. Er saß lange im Gefängnis, zwischenzeitlich lebt er wieder in Freiheit. Was aus ihm geworden ist, weiß ich nicht.

Jedenfalls reihte sich Geschichte an Geschichte. Eigentlich gab es schon immer irgendwelche besonderen Ereignisse in unserer Familie ...

Der Vater meines Vaters

Mein Seppel-Opa – was ein ungarischer Spitzname für Josef ist – war der Vater meines Vaters. Er hat sich immer ganz stolz vorgestellt mit dem Satz: „I bin der Josef und i bin Maurer ..." Er war ein absolutes Unikat. Seine wohl ausgeprägtesten Charaktereigenschaften waren sein Geiz und seine Neugierde. Er hatte auch das Talent, aus allem etwas zu machen und war dabei mit sich und dem Leben zufrieden. Wenn in unserem Ort ein Haus oder eine Garage abgerissen wurde, war mein Seppel-Opa sofort zur Stelle. Bis heute ist mir schleierhaft, wie ihn diese Informationen immer so schnell erreicht haben. Ein Telefon im Haus gab es bis an sein Lebensende nicht. Es schien so, als hätte er regelrecht Antennen für Bauschutt entwickelt, die ihn zuverlässig zur nächsten Abrissstelle führten.

Natürlich hatte mein Opa kein Auto. Er zog entweder mit seiner Schubkarre oder seinem Leiterwagen (der keine Lenkung hatte, was in einer Kurve massive Herausforderungen mit sich brachte) durch die Straßen und sammelte darin alles zusammen, was ihm gefiel oder was er irgendwie brauchen konnte. Bunte Kacheln aus alten Bädern oder Küchen, Klobrillen, Toilettenschüsseln und Badewannen. Lange Holzlatten oder Metallstangen lud er gelegentlich auch auf sein uraltes, aber stabiles NSU-Fahrrad. Mit seinem voll beladenen Schubkarren, seinem monströsen, schwerfälligen Leiterwagen oder seinem mit Sperrgut befrachteten Fahrrad verursachte er meistens einen langen Verkehrsstau. Nicht selten stand ich mit meinem Auto mittendrin und wusste sofort, wer die Ortsstraße verstopft hat. Da jeder im Ort meinen Opa kannte, war das jedoch nie wirklich ein Problem. Die meisten winkten ihm beim Vorbeifahren zu und fragten kurz: „Und Josef, alles klar?"

Unser Haus und auch der Garten – wen wundert`s – waren insgesamt Ausdruck seiner Sammelkunst und dementsprechend bunt und individuell gestaltet. Wenn Opa weiße Farbe bekommen hatte, aber den Sockel am Haus schwarz streichen wollte, was tat er dann? Aber klar doch, er mischte die Farbe mit Ruß. Das ergab eine ungleichmäßig graue Fläche und obendrein bröckelte der Belag nach ein paar Monaten aufgrund der außergewöhnlichen Konsistenz gleich wieder ab. Aber genau dadurch bildete sich erneut ein einzigartiges Muster. Da es kein echtes Bad gab, verwendete er die alten Bäderkacheln natürlich im Wohnzimmer. Er liebte es bunt und so entstand rund um den Wohnzimmerofen ein kunterbuntes „Mosaik" aus Rot, Grün, Gelb und allen möglichen Mustern. Da er jedoch kein Geld für Fliesenkleber ausgeben wollte, mixte er den „Leim" aus Mehl und Wasser, allerdings hielten die Kacheln damit nicht lange an der Wand. In der Konsequenz gab es eben wieder neue Farben und neue Muster.

Eines Tages hatte mein Seppel-Opa die Idee, neben dem Holzofen im Wohnzimmer ein Loch durch die Wand zu schlagen. Es sollte direkt in sein Schlafzimmer führen, wo er gerne im Bett lag und fernsah. Dieser Raum war aus Kostengründen allerdings nie beheizt und meine Oma brauchte es eher warm. So setzte er sich in den Kopf, meine Oma könnte neben dem Ofen sitzen und durch das Loch, sozusagen gemeinsam mit ihm, fernsehen. Zum Glück konnte mein Vater den riskanten Umbau gerade noch abwenden, indem er meiner Oma einen eigenen Fernseher schenkte. Das ersparte allen viel Streit.

Und was passierte mit all dem Rest der Fundstücke, die mein Opa nach Hause in seine Villa Kunterbunt fuhr? Auch da war er sehr kreativ: Einen ausrangierten Ofen baute er um zu einem Gartenstuhl, eine alte Badewanne ließ er zum Sammeln des Regenwassers in die Gartenerde ein. Einige Kloschüsseln bewahrte er sorgfältig seinem Schuppen auf, man konnte ja nie wissen … Alles wurde irgendwie umfunktioniert und was übrig blieb, wurde kurzerhand im Garten oder in der Einfahrt vergraben.

Mein Opa unterhielt eine kleine Hütte in seinem Garten, die er über alles liebte, denn dort hatte er nach einem harten Arbeitstag seine Ruhe. Die Hütte hatte einen eigenartig muffigen Geruch, den ich heute noch rieche.

Überall stehen kleine Andenken herum, in einer Ecke eine bunte Muttergottesstatue, ein Rosenkranz auf einem Nachttisch. Ein kleines Sofa thront in einer anderen Ecke und ein alter Schrank steht daneben. Mein Blick fällt auf eine Schale voller Trauben, Kirschen und Pfirsichen. Ich weiß, dass der Schlüssel zur verriegelten Eingangstür in einem Glas links um die Ecke versteckt ist. Manchmal stibitze ich ihn heimlich und sauge neugierig die Eindrücke dieser einzigartigen Behausung in mein Herz auf. Es fühlt sich verboten und kribbelig an.

Mein Großvater würde heute in jedem Fall einen Preis für nachhaltiges und energiesparendes Leben erhalten. Eines Tages hatte er zum Beispiel die glänzende Idee, sein kleines Domizil mit dem Luxus einer warmen Dusche aufzuwerten. Dazu ersetzte er kurzerhand einige Dachziegel durch eine Glasscheibe und befestigte darunter einen Haken. An diesem wiederum hängte er eine Gießkanne mit Wasser auf. Wenn die Sonne herrlich warm auf das Dach schien, erwärmte sich das Wasser. Einfach am Bändel ziehen und fertig war die Dusche!

In Ungarn gab es damals noch viele Zisternen zum Sammeln von Regenwasser. Diese Technik inspirierte meinen Opa, und so begann er, in liebevoller

Erinnerung an seine Heimat, folgendes Bauprojekt: Meine Mutter verfügte bereits über eine Waschmaschine, darin wusch sie unter anderem meine Windeln. Mein Opa sah es nicht gern, dass das seifige Waschwasser nach nur einmaligem Gebrauch abgelassen wurde. Er hielt es zu Recht für eine Verschwendung. In seiner Passion als Maurer errichtete er kurzerhand eine Zisterne neben der Waschmaschine, dort wurde das Wasser nach dem Waschgang aufgefangen. Manchmal war es sogar noch warm, und wenn nicht, konnte es wieder erwärmt werden, und zwar auf einem Holzofen, den er wiederum direkt neben die Zisterne mauerte. Von da an lag er an winterlichen Feierabenden in seiner gemütlichen alten Blechwanne im Keller und hat sich aufgewärmt.

Was wir damals noch nicht wussten, war, dass diese beiden „Bauwerke" statisch und brandschutztechnisch natürlich nicht auf dem neuesten Stand waren. Und so kam es, dass nicht nur eine, sondern gleich zwei „Naturgewalten" durch unser Haus jagten. Einmal kam es zu einer Überschwemmung, als die Zisterne mit einem riesigen Knall geplatzt ist. Der gemauerte Wasserbehälter hielt dem Druck des Wassers nicht mehr stand und so wurde unser Keller komplett geflutet. Es dauerte sehr lange, bis alles wieder trocken und an Ort und Stelle gerückt war. Das andere Mal setzte er unser Haus in Brand. Diese Geschichte ist etwas bizarrer:

Mein Opa versuchte, in seinem Kellerofen zerschnittene Autoreifen zu verbrennen. (Was sollte er auch sonst damit tun?) Als es bei unserem Nachbarn an der Haustür klingelte, packte ihn seine Neugierde, er wollte unbedingt sehen, wer da zu Besuch kam. Schnell sammelte er die Glut des Ofens in einem Pappkarton(!) und stellte diesen auf einen Holzstapel(!). Innerhalb kürzester Zeit fing unser Haus zu brennen an.

Irgendwann kroch der Rauch durch alle Stockwerke bis nach oben in unsere Wohnung. Als meine Mutter das wahre Ausmaß der Katastrophe erkannte, schnappte sie mich schnell auf den Arm und rief durch das offene Fenster laut um Hilfe und nach der Feuerwehr. Es war der 17. Dezember 1969, ein Tag vor meinem ersten Geburtstag. Letztlich konnte das Feuer noch gelöscht werden, wir blieben gesund und das Haus blieb stehen. Ich hatte das große Glück, kaum dass mein erstes Lebensjahr beendet war, dem Tod entronnen zu sein. (Später würde er noch öfter vorbeikommen, um an meine Tür zu klopfen.)

Mein Seppel-Opa war meist auch sonderbar gekleidet, denn mit der Kleidung verfuhr er ähnlich wie mit dem Baumaterial. War jemand gestorben oder hatte jemand abgetragene Kleidung zu verschenken, so hat er sich immer darüber gefreut. Natürlich haben die Einzelstücke in der Regel nicht gepasst, aber das war nie ein Problem für ihn. Zu große Schuhe hat er einfach abgeschnitten, sie als modische „Reinschlupfschuhe" getragen und im Winter dann einfach mit wärmenden Stoffstreifen umwickelt. Waren die Schuhe abgelaufen, wurden sie mit einem Stück von alten Autoreifen neu besohlt. Zu lange Hosen wurden abgeschnitten oder umgekrempelt, zu weite Hosen einfach mit einem Strick enger gebunden. Meistens trug er einen Hut oder eine abgewetzte Wollmütze.

Er sammelte auch gerne Unterhosen. Als er mit über 90 Jahren einen Katheter benötigte (den er übrigens sehr liebte, da er das System praktisch fand) und immer unter kalter Blase litt, war er auch da erfinderisch. Er zog an manchen Tagen einfach fünf oder sechs Unterhosen übereinander an. Mein Vater musste in dieser Zeit öfter mit ihm zum Urologen, was hin und wieder eine ganz besondere Hürde darstellte. An einem dieser Kontrolltermine trug mein Opa doch tatsächlich inmitten seines bunten Unterhosengemischs einen knallroten Lederstringtanga. Er hatte einfach für alles eine Verwendung.

Am liebsten aß Seppel-Opa Kartoffeln. Da es jedoch zu viel Energie benötigt hätte, täglich neue Kartoffeln zu kochen, gab es jeweils einen großen Topf voller Kartoffeln für die ganze Woche. Unnötig zu erwähnen, dass es im Haus natürlich keinen Kühlschrank gab, und so kam es, dass die Kartoffeln bis zum Ende der Woche alle Sorten farbigen Schimmels angesetzt hatten. Ihm haben sie jedoch immer geschmeckt.

Mein Seppel-Opa wurde 93 Jahre alt. Er hat nur sehr wenig geredet. Das Allerwichtigste war stets genug für ihn, dann ist er wieder in seinem geliebten Gartenhaus oder im Keller verschwunden. Ich sehe ihn noch heute mit seiner lustigen Mütze, seinem grünen Wollmantel und den abgeschnittenen Schuhen lachend vor mir stehen. Er ist ganz offensichtlich immer glücklich gewesen in seiner Einfachheit, nur das Herz seiner Elisabeth, meiner Oma, ist neben ihm allmählich „verhungert".

Der Schwager meines Vaters

Eine weitere schillernde Persönlichkeit aus dem Familienclan meines Vaters ist sein Schwager Kurt (Name wurde geändert). Glücklicherweise hat er „nur" in unsere Familie eingeheiratet, was beruhigend ist. (Es muss ja schließlich nicht alles Sonderliche genetisch in uns verankert sein.) In meiner Erinnerung ist er dünn, klein und verkniffen, hatte eine mega dicke Hornbrille auf seiner Nase, sodass seine Augen riesig wirkten, was manchmal richtig unheimlich war, wenn er mich ansah. Außerdem ging von ihm stets ein eklig-säuerlicher Geruch aus, den ich bis heute nicht vergessen kann.

In meiner Kindheit und Jugend wirkte Kurt wegen seiner religiösen Übertreibung immer furchterregend und einschüchternd auf mich. Ja, eigentlich hatte ich sogar stets Angst vor ihm. Er fühlte sich für mich wie eine Krake an, denn irgendetwas saugte sich energetisch immer an mir fest. Meistens zwang er mich dazu, zu beten, wenn wir uns begegnet sind. Manchmal dozierte er aber auch stundenlang über seine Religion. Ich erinnere mich noch genau daran, wie er mich am Tag meiner Erstkommunion in mein Kinderzimmer gelotst hat und mir eine gefühlte Ewigkeit vom Leib Christi erzählt hat, den ich nun essen müsste. Er strahlte in solchen Momenten eine unerbittliche Macht aus, die mich innerlich ganz klein und eng werden ließ.

Wenn ich Kurts Familie besuchte, musste ich abends immer gemeinsam mit ihnen auf dem nackten kalten Fußboden vor einem Kreuz knien und den Rosenkranz beten. Die ganze Sache hat mich letztlich zunehmend befremdet und irgendwann habe ich mich schlichtweg geweigert, dieses Haus zu betreten. Jahre später war ich als Studentin einmal zu Hause und sah ihn mit einem großen Kreuz in der einen und der Bibel in der anderen Hand in der Fußgängerzone missionieren. Ich bin vor lauter Scham hinter das nächste Werbeschild gesprungen. Keiner sollte wissen, dass wir miteinander verwandt sind.

Die Geschichten, die sich um ihn rankten, wurden im Laufe der Zeit immer schräger und skurriler. Eines Tages kam ein verzweifelter Anruf von seiner Frau, sie wisse nicht mehr, was sie tun soll, denn Kurt würde ständig in einen Kaktus beißen. Einen Kaktus? Warum machte er das? Die schreckliche Wahrheit war, dass er Pein und Schmerz spüren und für seine Sünden so leiden wollte wie Jesus am Kreuz. Erst sehr viel später kam ans Tageslicht, dass Kurt grauenhafte Experimente mit seinem Sohn durchgeführt hat. Der Junge musste beispielsweise die Hand seines Vaters so lange auf eine Herdplatte drücken, bis es nach verbranntem Fleisch roch und die Hand mit Brandblasen übersät war. Oder er musste seinen Vater in die Gefriertruhe(!) sperren. Alles, damit dieser den Schmerz und das Leid Jesu am Kreuz hautnah spüren konnte.

Wahrscheinlich überlebt niemand solche horrösen Geschichten psychisch unversehrt. Kurts Sohn war sehr intelligent, ist jedoch an seiner Geschichte zerbrochen und kam in die Psychiatrie. Er wurde keine 30 Jahre alt.

Kurt hat sich übrigens 40 Jahre lang nicht mehr in ein Bett zum Schlafen gelegt. Fast alle Nächte verbrachte er in Kirchen oder daheim kniend auf dem kalten Fußboden. Manchmal ist er nachts, stehend beim Aufwärmen an seinem Ofen, vor Müdigkeit einfach umgefallen und dabei mehrmals durch die Glastür gekracht. Zwischenzeitlich wurde diese Glastür durch einen Karton ersetzt, da der Glaser mit der Zeit zu teuer wurde. Seine Knie haben mittlerweile die Konsistenz eines rohen Fleischstückes.

Sicherlich kennen wir bis heute nur einen Teil der Kurt-Geschichte. Leider wurde erst sehr spät die Diagnose „religiöse Schizophrenie" gestellt. Er leidet bis heute unter einem ausgeprägten religiösen Fanatismus. Kurt lebt noch. Er ist über 85 Jahre alt, dement und glücklich. Mein Vater kümmert sich gelegentlich um ihn, rasiert ihn, schneidet seine Haare oder seine Nägel und hat erst vor kurzem entdeckt, dass er vermutlich gar kein Schmerzempfinden hat, was vieles erklären würde. Er hat sich zwischenzeitlich alle Zähne selbst aus dem Mund gefeilt und seine Frisur sieht ähnlich aus.

Die Familie meiner Mutter

Schon als Kind zuckte ein Teil in mir zusammen, wenn ein schwerer Güterzug an mir vorbeirollte. Im Bruchteil von Sekunden schossen in diesen Momenten innere Bilder von hungernden Flüchtlingen in mir hoch. Ich verstand nie warum. Erst viel später, als ich mehr über die Wurzeln und das Erbe meiner Familie erfuhr, bekam ich eine Ahnung davon, was dieses Erleben begründete.

Auch meine Mutter, gerade einmal drei Jahre alt, wurde nach dem Zweiten Weltkrieg gemeinsam mit ihrer Familie vertrieben. Ähnlich wie die Familie meines Vaters wurden sie alle in einen kalten und verriegelten Viehwaggon gesperrt und abtransportiert, ohne zu wissen, ob und wo sie jemals ankommen würden. Die Familie meiner Mutter hat ihre Heimat sogar mehrfach verloren. Sie trugen lediglich das Allernötigste, in kleinen Bündeln verschnürt, bei sich. Aber sie hatten trotz ihrer vor Hunger ausgezehrten Körper ihren starken Überlebenswillen im Handgepäck und die Hoffnung, in einer anderen Welt wieder neu beginnen zu können.

Die Mutter meiner Mutter

Meine Urgroßeltern stammen aus dem Kreis Hirschberg in Schlesien im Riesengebirge. Dort wurde auch meine Hede-Oma geboren, die Mutter meiner Mutter. Während des Zweiten Weltkrieges arbeitete sie als Krankenschwester in einem polnischen Lazarett. Dort hat sie meinen Großvater kennengelernt, der als SS-Soldat mit einem Lungendurchschuss bei ihr auf der Station lag. Nach Kriegsende wurden sie dann vertrieben.

Am kleinen Bahnhof Fürsteneck, mitten im winterlichen Bayerischen Wald, hat der Zug mit den dicht zusammengedrängten Flüchtlingen schließlich gestoppt. Keiner wusste, wo sie gelandet waren, und so stolperten die Menschen aus den eisigen Waggons direkt in die reine, klare Winterluft. Noch auf den Bahngleisen wurde den Ankömmlingen ein kleiner Zettel mit der Adresse für eine erste Bleibe in die Hand gedrückt. Dort konnten sie sich melden. Familien mit Säuglingen bekamen für die anstehende Weiterwanderung sogar Kinderwagen gestellt. Und so marschierten die Insassen des Zuges über acht Kilometer durch den meterhohen Schnee bis in das nächste Dorf.

Meine Familie hatte Glück. Alle gemeinsam fanden in einem kleinen Zimmer bei einer liebevollen Schreinerfamilie Zuflucht. Zu fünft haben sie zehn Jahre und einen Tag lang dort gewohnt. Damals gab es den Luxus eines eigenen Zimmers noch lange nicht. Nein, es gab noch nicht einmal das Privileg eines eigenen Bettes. Aber es ging ihnen gut und sie waren zusammen. Wir haben die Gastgeber in tiefer Dankbarkeit im Laufe des Lebens immer wieder besucht. Meine Mutter liebt bis heute den Duft von frischem Holz, in Erinnerung an die Werkstatt.

Die Geschwister meiner Oma und deren Angehörige sind ebenfalls vertrieben worden und fanden zunächst Unterkunft im Flüchtlingslager Friedland in Niedersachsen. Wenn ich mir Fotos von diesem Lager angesehen habe, ist mir immer eine Gänsehaut über den ganzen Körper gelaufen. Schon beim Betrachten war die nackte Angst, die Ohnmacht und die abgrundtiefe Kälte und Einsamkeit zu spüren, eben das nackte Überleben. Erst viel später kam dieser Familienzweig von Friedland aus in den Bayerischen Wald zu den anderen. Dort wurden sie in die Häuser der umliegenden Bewohner verteilt. So war zumindest ein Großteil der Familie wieder vereint.

Meine Mutter erzählt bis heute von der paradiesischen Natur, die sie so sehr geliebt hat. Als Kind streifte sie tagelang durch die endlos weiten und duftenden Wälder, versteckte sich unter riesigen Farnsträuchern und sog den Schutz und die Geborgenheit der Bäume tief in sich auf. Meine Uroma nahm sie gerne mit, um Heidelbeeren oder Pilze zu sammeln. Bis heute ist der Bayerische Wald für meine Mutter ein „Seelenort". Sie singt jetzt noch die Lieder, die sie dort gelernt hat.

Als ich auf die Welt kam, schenkte mir meine Mutter in Erinnerung an den duftenden Wald den Namen *Sylvia,* der übersetzt „das Waldmädchen" bedeutet. Später hat sie mir erzählt, dass sie bei meiner Geburt auch an das Sterntalermädchen denken musste. An das Mädchen, das in seinem Leinenhemdchen die fallenden Sterne des Himmels als Silbertaler aufgefangen hat. Es erfüllt mich, meinen Namen mit zwei so schönen Geschichten verbunden zu wissen.

Irgendwann hat mein Opa über die Flüchtlingslisten des Deutschen Roten Kreuzes seine Eltern in Baden-Württemberg wiedergefunden und ist für ein Wiedersehen mit dem Zug zu ihnen gereist. In der neuen Heimat meiner Urgroßeltern gab es Arbeit, was es im Ländlichen des Bayerischen Waldes nicht gab. Und so ist im Jahr 1956 die ganze Familie nach Baden-Württemberg ins schöne Hohenloher Land gezogen. Das hieß, die inzwischen liebgewonnene und vertraute Heimat erneut zu verlassen. Der nächste Neubeginn stand an, für meinen Opa zum vierten Mal und für meine Oma zum dritten Mal. In Baden-Württemberg haben sich dann auch meine Eltern kennengelernt und ihre Perlenkette gemeinsam weitergefädelt.

Ich erinnere mich gerne an meine Oma. Sie trägt ihr Leben lang bunte Kittelschürzen in allen Farben. Und sie liebt es, zu kochen, vor allem bayrisch, Kalbshaxe oder Kalbsbraten mit Knödel. Dazu gibt es in Gedenken an die Heimat schlesischen Kartoffelsalat oder Gurkensalat, den sie mit den Händen wendet. Wenn ich an sie denke, strömt bis heute der Duft von Essig und Dill an ihren Fingern durch meine Nase. Irgendwie ist sie immer fröhlich und strahlt vor sich hin. Sämtliche Freundinnen und Freunde ihrer Kinder kommen bis an ihr Lebensende gerne zu Besuch, lachen und erzählen mit ihr. Abends singt sie lauthals Lieder vor dem Fernseher mit.

Und wenn ich sie so beschreibe, frage ich mich verwundert, woher sie die Kraft hatte, seelisch nicht zu zerbrechen. Schon früh hat meine Mutter die Brutalität und die Alkoholexzesse meines Großvaters erleben müssen. Oft lag sie gemeinsam mit ihren Brüdern wimmernd und weinend unter dem Bett, während er meine Oma darauf brutal vergewaltigte. Es gab auch viele Situationen, in denen meine Oma zu uns, ihren Enkelkindern, flüchtete, da sie wieder einmal grün und blau geschlagen war.

Es klingelt an unserer Haustür. Ich bin viel-
leicht vier oder fünf Jahre alt und gerade
die Treppen runter gehüpft. Als ich die Tür
öffne, bin ich erstarrt und die Angst ist so-
fort wie ein übler dunkler Dämon in jede
meiner kleinen Körperzellen gekrochen.
Meine Omi steht vor mir und ich erkenne
sie nicht gar nicht. Ihr ganzes Gesicht ist
aufgeplatzt und blutunterlaufen. Nicht ein-
mal das Weiße in ihren Augen ist noch
sichtbar. Er hat sie mit der Hundekette ver-
prügelt.

Meine Mutter wollte ein Leben lang ihre Mutter
beschützen. Sie ist bereits mit 15 Jahren in die Fa-
brik zum Arbeiten gegangen, da es nie genug Geld
gab. Mein Opa hat einfach alles versoffen. Sie
fragt sich bis heute, ob es eigentlich Situationen
gab, in denen meine Oma geweint hat. Wo war ihre
Zartheit, ihre Verletzlichkeit und ihr Schmerz?
Nichts davon war jemals sichtbar.

Meine Oma starb an einem Heiligen Abend an
Schilddrüsenkrebs. Ich war gerade 20 Jahre alt und
hielt ihre Hand, während langsam das Leben aus
ihr wich. Es war meine erste Erfahrung mit dem
Tod. Ich hatte wahnsinniges Herzklopfen und pa-

nische Angst, als ich gemeinsam mit meiner Mutter und meiner Tante auf die Intensivstation gerufen wurde. Zuerst habe ich meine Oma nicht mehr erkannt, sie war aufgequollen und nicht mehr sie selbst. Noch lange danach habe ich das sterile Pumpen der Herz-Lungen-Maschine in meinem Innern gehört.

Ich bin ihr bis heute unendlich dankbar, dass ich sie auf ihrem letzten Weg begleiten durfte. Das Sterben hat sich beinahe wie ein Wunder angefühlt oder wie ein Mysterium jenseits von Worten. Als ihr Körper langsam kalt wurde, schien es so, als ob eine leere Hülle zurückbleiben und ihre Seele weiterhin lichtvoll um uns herum leuchten würde.

Vermutlich war es diese tiefe Erfahrung, die mich später dazu inspiriert hat, meine Diplomarbeit über das Thema „Sterbebegleitung" zu schreiben. Vielleicht war dieses intensive Miterleben aber gerade auch der Vorspann für meine eigenen späteren Nahtoderfahrungen?

Der Vater meiner Mutter

Eigentlich wollte ich dieses Kapitel am liebsten mit zwei Sätzen abschließen: Mein Opa war brutal. Und ich war froh, als er endlich tot war.

Tatsächlich ist dieses Familien-Kapitel dann aber auf eine ganz besondere Art und Weise entstanden, die mich noch immer staunen lässt:

Bis vor Kurzem kannte weder meine Mutter noch ich irgendwelche Details über das Leben meines Opas. Er hieß Hugo. Wir wussten lediglich, dass er in Rumänien geboren und aufgewachsen ist. Warum er während des Zweiten Weltkrieges in Polen war, wie er dorthin kam und warum sie letztlich dort das Licht der Welt erblickt hat, war uns unbekannt. Mein Opa erzählte gelegentlich von seiner Kindheit, über seine Erlebnisse im Krieg sprach er jedoch nie. Eigentlich wusste meine Mutter nur sehr wenig von ihm.

Vor ungefähr zwei Jahren passierte plötzlich etwas beinahe Magisches und ich fand Antworten auf so viele offene Fragen. Zu meinem vorletzten Geburtstag schenkte mir mein bester Freund einen Gentest. Mit ihm habe ich oft über meine familiären Wurzeln gesprochen und wir spielten intuitiv immer wieder mit allerlei Ideen und Vorstellungen, aus welchen Ländern meine Ahnen und Ahninnen denn so stammen könnten. Ehrlich gesagt war ich skeptisch, ob so ein Test überhaupt wissenschaftlich sei und ich mit entsprechend „richtigen" Ergebnissen rechnen könnte. Aber meine Neugier siegte. Ich spuckte in das Röhrchen und wartete sechs Wochen lang gespannt auf die Auswertung.

Der Test zeigte, dass meine Wurzeln zu siebzig Prozent dem deutschsprachigen Raum zuzuordnen waren. Das mochte auch stimmen, denn meine Eltern erzählten mir immer, dass unsere Vorfahren Donauschwaben waren. Nur, welche Generation wann wohin gesiedelt ist, weiß bis heute niemand wirklich. Die anderen dreißig Prozent bildeten einen bunten Stammbaum mit vielen Ästen in ganz unterschiedliche Richtungen ost- und nordeuropäischer Länder. Einige reichten bis nach Russland zurück, andere waren in Polen angesiedelt, in Rumänien, in der Ukraine oder im Baltikum. Ja, ein Teil meiner Vorfahren hatte anscheinend auch einen Bezug nach Norwegen und Schweden.

Ich schließe kurz die Augen. Ein toller Baum ist das! Wir stammen von den Wikin-

gern ab, so viel steht fest. Und die Bilder, die augenblicklich dazu in meinem Kopf aufsteigen, gefallen mir ehrlich gesagt sehr gut. Sie fühlen sich kraftvoll und stark an.

Also legte ich das Geburtstagsgeschenk innerlich zur Seite und hakte es ab, bis ich zwei Wochen später von dem Anbieter mehrere Mails erhielt. Mir war nicht wirklich bewusst, was ich da so alles angeklickt und welchen Datenschutzbestimmungen ich zugestimmt hatte. Ich dachte, dass mit dem Testergebnis die Sache erledigt sei. Plötzlich blinkten auf meinem Laptop zwei Mails mit der Nachricht auf, dass es ein Match gab. Ein Match?

Ein Mann aus Neuseeland schrieb mich an und fragte, ob wir verwandt sein könnten? Und eine Frau namens Kerstin. Sie war auf der Suche nach ihrem Großvater und laut Gentest waren wir beide zweiten Grades verwandt. Ich war verwirrt. Wie sollten wir verwandt sein? Ich schrieb beiden eine Mail zurück, gespickt mit ein paar Daten meiner Familie. Und plötzlich öffneten sich Türen zu einer neuen Welt, einer ganz anderen Sicht auf meine Familie. Der dann folgende rege Austausch brachte mir nicht nur unverhoffte Erkenntnisse, sondern auch Versöhnung, tieferes Verstehen und innere Heilung.

Der Mann aus Neuseeland heißt Heinz und es hat sich herausgestellt, dass er der Cousin meiner Mutter ist. Als ich per Facetime mit ihm telefoniert habe, war mir sofort klar, dass wir wirklich miteinander verwandt sind. Kein Fake! Er sah so aus wie alle in meiner Familie. Seine Mimik, seine großen Ohren …

Heinz hat sich früh von seiner Familie gelöst und ist ausgewandert. Fast alles, was im Folgenden zu lesen ist, habe ich letztes Jahr von ihm erfahren. Schließlich fand meine Mutter sogar noch ein paar Kinderfotos von ihm. Sie ist auf der Suche nach Antworten in ihren Keller hinabgestiegen und hat eine verschlossene Kiste mit Geburts-, Sterbe- und Einwanderungsurkunden meiner Vorfahren durchforstet. Unser Stammbaum bekam jetzt viel mehr Kontur und auch noch mehr Äste.

Über Kerstin habe ich einen weiteren neuen Ast kennengelernt. Sie ist schon viele Jahre auf der Suche nach ihren Wurzeln und hat viel Recherche betrieben. Es war wie eine Erleuchtung für mich, als sie mich an ihren Erkenntnissen teilhaben ließ. Wir wissen bis heute noch nicht hundertprozentig, wer ihr Großvater war, aber wir sind dem Geheimnis ganz nahegekommen. Als wir Fotos von unseren Müttern ausgetauscht haben, sind wir beide beinahe vom Stuhl gekippt: Sie sehen sich so ähnlich wie eineiige Zwillinge. Wir stehen inzwischen regelmäßig in Kontakt, haben uns bereits persönlich getroffen, tauschen immer wieder Parallelen aus unseren Familien aus und schicken uns wöchentlich Fotos und Nachrichten.

Erst jetzt kenne ich einige Details der Flucht meiner Vorfahren und erfuhr von diesen beiden fremden Menschen folgende Zusammenhänge:

Die Eltern meines Hugo-Opas sind in Polen im Warthegau geboren und aufgewachsen. Aus wirtschaftlichen Gründen sind sie irgendwann nach Rumänien (Bessarabien), nach Paris Akkermann umgesiedelt. Heute ist das ein Landstrich der Ukraine. Mein Opa ist dort in der Nähe von Odessa direkt am Schwarzen Meer aufgewachsen. Er erzählte oft davon, wie er mit seinem Fahrrad zum Baden an dieses herrliche Naturparadies radelte und in das klare und erfrischende Wasser sprang. Bis vor Kurzem wussten wahrscheinlich nur wenige Menschen überhaupt, wo Odessa genau liegt. Erst seit den Monaten des Krieges hören wir jeden Abend in den Nachrichten von Odessa, Kiew oder Mariupol.

Als der Krieg in der Ukraine begann, machte das etwas mit mir und meiner Familie. Irgendwie fühlte es sich so an, als würde etwas Uraltes wieder ans Tageslicht kommen und eine eitrige, nie ganz verheilte Wunde erneut aufplatzen.

1940 wurde Bessarabien von den Russen annektiert und so flüchteten meine Urgroßeltern gemeinsam mit meinem Großvater wieder zurück nach Polen in die ehemalige Heimat. Das Warthegau war jedoch zwischenzeitlich von den Nationalsozialisten besetzt und so wurde mein Opa sofort von der SS als Soldat eingezogen.

Meine Mutter erinnert sich an seine Aussage, auf keinen Fall zur Armee gehen zu wollen. Mein Opa hatte wohl zu diesem Zeitpunkt bereits die Aufgabe übertragen bekommen, sich als einziger Sohn um seine Schwestern und den Hof zu kümmern, da seine Mutter seit der Flucht erkrankt war. Irgendwann später wurde er als Kriegsgefangener nach Russland deportiert. Von dieser Zeit seines Lebens wissen wir bis heute nichts. Im Warthegau wurde dann auch meine Mutter geboren.

Als ich Heinz während eines Telefonats danach fragte, ob er denn wisse, warum unsere Familie so traumatisiert sei, erzählte er mir ein Familiengeheimnis, von dem bis dato meine Mutter nichts wusste: Die Schwester meines Opas sei auf der Flucht brutal vergewaltigt worden und danach lebensmüde aus dem Fenster gesprungen. Sie war sofort tot und ließ einen kleinen Jungen zurück. Die ganze Familie hat dabei zugesehen! Mehr ist darüber nicht bekannt, aber dieses Trauma hat wohl die gesamte Familie gebrochen, das Ereignis wanderte an einen dunklen, erbarmungslosen Ort des Vergessens, ohne Tageslicht. Heinz` Eltern und Geschwister hätten immer wieder, aber nur leise flüsternd, über diese schrecklichen Kriegserfahrungen gesprochen. Meine Mutter erinnert diese Gespräche in russischer Sprache, niemand konnte verstehen, was gesagt wurde.

Bei den Eltern meines Vaters verliefen diese Gespräche auf eine ähnliche Art, nur in ungarischer Sprache. Niemand hat je offen über den Krieg und den Schmerz des Erlebten geredet. Traumata lösen häufig eine Starre im System aus. Etwas friert ein, bleibt stehen und es wird alles dafür getan, nicht mehr daran erinnert zu werden. So auch in unserer Familie.

Es berührt mich zutiefst, dass sich dieser Teil unserer Weltgeschichte heute wiederholt – wenn ich bedenke, durch wie viele Generationen meiner Familie sich die damaligen Kriegstraumata gezogen haben und welche Folgen das für uns alle hatte. Und jetzt werden in der Ukraine wieder unschuldige Frauen und Kinder vergewaltigt und traumatisiert zurückgelassen. Es scheint, als hätten wir Menschen nichts aus der Vergangenheit gelernt. Das stimmt mich traurig und an manchen Tagen fühle ich mich beinahe ohnmächtig.

Mein Hugo-Opa hat seine Kriegserlebnisse weder mit seiner Frau noch mit seinen Kindern geteilt. Keiner wusste, was er wirklich erlebt oder gar gefühlt hatte. Auch über seine Zeit als SS-Soldat wurde ein schwarzes Tuch des Schweigens gelegt. Er hatte seine schrecklichen Erfahrungen einfach tief in seinem Innern vergraben und verschlossen.

Bei meinem Telefonat mit Heinz erfuhr ich von einer weiteren Geschichte, die mich zutiefst berührt und verwirrt hat. Sie hängt damit zusammen, dass mein Leben seit Jahren geprägt ist von den Folgen einer Virusinfektion. Dieser Virus hat mein Leben auf den Kopf gestellt. Er löst in meinem Körper immer wieder Lähmungen aus und ein

Großteil meines Lebens bin ich bettlägerig und pflegebedürftig. In den ganz schweren Momenten habe ich mir so oft vorgestellt, dass meine Situation noch um ein Vielfaches schlimmer wäre, wenn ich jetzt in einem Kriegsgebiet leben würde oder flüchten müsste.

Woher kommen solche Gedanken und Gefühle?

Ich hatte mein ganzes Leben lang Albträume vom Krieg. Viele Nächte flüchtete ich im Traum vor nahenden Bomben und bin kurz vor deren Einschlag mit Herzrasen und Angst in allen Knochen aufgewacht. In den gesundheitlich schlimmsten Zeiten träumte ich sogar beinahe jede Nacht vom Krieg. Warum?

Ich war wie vom Donner gerührt, als ich von Heinz erfuhr, dass meine Uroma, die Mutter meines Hugo-Opas, infolge einer Viruserkrankung gelähmt war und auf allen Fluchtwegen von Odessa aus auf einem Viehkarren transportiert werden musste – über mehrere Ländergrenzen hinweg. Das ist doch unglaublich, oder?

Gibt es transgenerationale Traumata?

Wie hat meine Uroma ihre Angst und Anspannung ertragen und ausgehalten, zumal mit körperlichen und seelischen Schmerzen? Sie ist dem Alkohol verfallen und trank, laut meiner Mutter, in ihrem Bett den Wein und den Schnaps mit einem Trinkhalm aus einem Eimer. Das war also ihr Weg, mit all dem klarzukommen. Mein Opa und die Mutter von Heinz sind ebenso dem Alkohol verfallen. Vielleicht konnte der Schmerz all der Verluste, Erinnerungen und Erlebnisse tatsächlich nur „im Nebel" ausgehalten werden. Ich weiß es nicht.

Auf der Suche nach den Wurzeln meiner Familie gab es eine letzte magische Geschichte, die in diesem Zusammenhang ans Tageslicht kam. Die Tage um Weihnachten sind in unserer Familie eine ganz besondere Zeit. In diesen Tagen sterben Menschen und andere kommen auf die Welt. Ich habe mich so oft gefragt, warum das so ist und was da vielleicht in vergangenen Zeiten passiert ist?

Die Schwester meiner Mutter und ich sind am 18. Dezember geboren. Der Bruder meiner Mutter wurde am 11. Dezember geboren und am 17. Dezember beerdigt. Mein Opa ist am 19. Dezember gestorben und meine Oma am 24. Dezember. Immer wenn jemand um diese Zeit eine anstehende

Operation hatte, wurde diese sofort auf das nächste Jahr verschoben, und wenn jemand krank war, haben alle gehofft, dass es nichts Schlimmes ist und derjenige wieder gesund wird.

Ich habe zusammen mit Franz meine Beerdigung am 18.12.2019 geplant.

Als meine Mutter in ihrem Keller die verschlossene Kiste mit den Familien-Dokumenten geöffnet hat, ist ihr ein vergilbtes Stück Papier in die Hand gefallen. Sie fand eine Anmeldung der polizeilichen Meldebehörde. Dort war zu lesen, dass meine Familie nach langer Flucht am 18. Dezember 1945 in Deutschland angekommen ist. Die Fahrt im verschlossenen Zug, mit all dem Schmerz und Verlust über die verlorene Heimat, endete an diesem Tag. Und gleichzeitig begann ein neues Leben.

Trauma, Tod, Abschied und Neuanfang zogen sich wie ein roter Faden durch unsere Familiengeschichte und wiederholten sich über Generationen hinweg immer um die gleiche Jahreszeit. Ist das nicht verrückt und spannend zugleich?

Sobald mein Opa getrunken hat, wurde er gewalttätig wie ein Tier.

Erzeugt die Erfahrung von Gewalt wieder Gewalt und entschuldigt das seine Gewalt? Oder gibt es keine Entschuldigung und keine „Beschönigung" und er war einfach ein brutaler Mensch?

Ich weiß es nicht. Nähe habe ich zu ihm nie gefühlt, immer nur Angst und Wut. Wenn ich rückblickend an ihn denke, sehe ich ihn im Esszimmer auf der Couch liegend – im Feinrippunterhemd mit einem dicken Bauch und einer inneren Unberechenbarkeit. Niemand konnte je einschätzen, ob, wann und wie er wieder ausflippte und zuschlug. Wenn er getrunken hatte, war er einfach nur grausam. Er verprügelte und vergewaltigte meine Oma wieder und wieder, was natürlich für meine Mutter ein traumatisierender Schrecken gewesen ist. Den Schmerz meiner Mutter zu spüren und die Gewalt zu sehen, die meiner Oma angetan wurde, hat mich selbst wiederum viel Ohnmacht spüren lassen.

Wo also beginnen die Tragödien in unserem Leben? Wo beginnt unser Schicksal?

Alle meine familiären Wurzeln liegen irgendwo im „Osten". Da ich sehr neugierig bin, wollte ich all diese Orte und deren Stimmung und Schwingung kennenlernen, erfahren und erspüren. Ich habe es geliebt, mit Franz und Oskar (so heißt unser Camper) all diese Länder zu bereisen. Unsere Freunde haben sich immer gewundert, was wir denn überhaupt suchen – da, wo „kein Mensch freiwillig hingeht". Es war die Suche nach meinen familiären Wurzeln und nach dem Gefühl, dem Geschmack und dem Duft von Heimat. Ein Gefühl, dem ich viele Jahre meines Lebens auf der Spur gewesen bin. Wir haben in Rumänien die besten Tomaten, Pfifferlinge und Heidelbeeren genascht, die es auf der Welt gibt, sind durch die polnischen Masuren gepaddelt und durch das polnische Riesengebirge gewandert. Wir haben an so vielen Orten eine unglaublich tiefe Gemeinschaft erlebt sowie eine unfassbar tiefe kraftvolle Stille. Eine Stille, die uns beide zutiefst mit dem Gefühl des Einsseins verbunden hat. Nur noch der eigene Atem oder Herzschlag war spürbar. Seit ich weiß, dass mein Opa in der heutigen Ukraine geboren ist, zieht es mich auch dorthin. Aber das wird aufgrund der aktuellen Situation wohl noch recht lange dauern.

Natürlich hat mein Großvater seinen Hass und seine Brutalität immer wieder bereut, wenn er wieder bei Sinnen war. Er beschenkte meine Oma dann mit Blumen. Einen Entzug hat er nie gemacht, dafür fehlte ihm die Einsicht.

Mein Opa Hugo hat mir mein Leben lang nur Angst gemacht, es lohnt nicht, weitere Geschichten zu erzählen, sie sind alle nur voller Dunkel und Demütigung. Wenn ich an ihn denke, rieche ich aber auch immer den Duft seiner Heimat, schmecke den Geschmack seiner Kindheit auf meiner Zunge und frage mich, was ihn hat so werden lassen. Ich war elf Jahre alt, als er gestorben ist. Ich spüre noch heute die Erleichterung, die sich in mir ausgebreitet hat, als ich von seinem Tod erfahren habe. Auch meine Oma hat die letzten friedlichen Jahre ihres Lebens noch sehr genossen.

Der Bruder meiner Mutter

Noch mehr erleichtert war ich, als mein Onkel Hilmar tot war. Durch ihn habe ich gelernt, wie sich ein Trauma anfühlt.

Meine Mutter erzählte mir, dass ihr Bruder Hilmar als kleines Kind bei der Flucht auf dem Zugtransport nach Deutschland eine schwere Lungenentzündung hatte. Eine alte weise Frau hat meiner Oma im Zug aus der Hand gelesen und ihr gesagt, sie solle Hilmar sterben lassen, denn er werde ihr im Leben noch viel Leid bringen.

Hätte sie es bloß getan …

Vielleicht ist es nicht wirklich verwunderlich, dass Hilmar auch Alkoholiker wurde und brutal war. Er war der Patenonkel meines Bruders und schlug meist noch härter zu als mein Opa. Vor ihm hatte ich die schlimmste Angst und Panik, die man sich vorstellen kann – regelrechte Todesangst überfiel mich, wenn er mit seinem roten NSU „Prinz" zu uns zu Besuch kam. Einmal hat er statt eines kleinen Geschenkes für sein Patenkind meinen Bruder im Suff einfach an die Wand geknallt und meine Mutter gewürgt. Erst als meine Mutter einen schweren Schlüsselbund in die Finger bekam und ihm an die Schläfe geschlagen hat, ist er torkelnd in seinen roten „Prinz" gestiegen und weggefahren.

Ich habe sehr deutlich das Gefühl, dass er auch mir Gewalt angetan hat, erinnere mich aber nicht genau daran. Mein kleiner Körper war offensichtlich im Überlebensmodus und diese gewaltvollen Erlebnisse sind zum Selbstschutz in mein inneres verschlossenes Unterbewusstsein gewandert.

Egal, wo mein Onkel Hilmar auftauchte, er hat überall Spuren der Angst und Panik hinterlassen sowie eine emotional kahle und leere Wüste.

Manchmal fror in diesen Momenten alles in mir ein. Es fühlte sich an, als würde das Blut in mir aufhören zu pulsieren und alles freundliche Leben aus mir herausströmen. Meine Muskeln erstarrten wie zu hartem Stein. Ich fühlte nur unerbittliche Angst und Ohnmacht.

Ich bin etwa 6 Jahre alt, als uns ein Anruf meiner Oma erreicht. Da sie zu dieser Zeit noch kein Telefon hat, ist sie zur gelben Telefonzelle schräg gegenüber gerannt und hat in ihrer Not panisch auf der Arbeitsstelle meiner Mutter angerufen. Meine Mutter arbeitet in einer kleinen Reinigung, in der es immer heiß und eng ist. Manchmal darf ich am kleinen runden Pausentisch sitzen und malen. An diesem Tag packt mich der Chef meiner Mutter schnell auf den Rücksitz seines großen Mercedes und wir fahren gemeinsam in rasender Geschwindigkeit in den Nachbarort zu meiner Oma. Meine Mutter weint während der ganzen Fahrt und ich spüre, wie die dunkle Panik in meine Zellen kriecht.

Meine Mutter rennt mit mir die Treppe hoch zur Terrasse meiner Oma und wir se-

hen das ganze Chaos. Überall verspritztes
Blut. Es sieht aus wie auf einem Schlacht-
feld. Der grüne Teppich auf der Terrasse,
die weiße Wand, alles ist voller Blut und
Scherben.

Meine Oma kommt weinend zu uns gelau-
fen – der nächste Schock. Das Gesicht
meiner Oma ist kaum mehr zu erkennen,
blutend aufgeplatzt. Ihr Hals trägt blaue,
tiefe Würgemale. Mama und Oma halten
sich schluchzend im Arm. Ich kuschele
mich tröstend an ihre Beine und halte ihre
Hände.

Keine der beiden Frauen nimmt mich
wahr – im Schmerz werden ihre Angst und
ihre Trauer zu meinen Gefühlen.

Hilmar brauchte Geld. Als meine Oma ihn nicht in
die Wohnung lassen wollte, hat er einfach mit der
bloßen Hand die Balkonglastür eingeschlagen und
sie dann misshandelt. Ein Nachbar hat die Polizei
gerufen. Hilmar kam ins Krankenhaus, vielleicht
auch ein paar Tage in den Knast, daran kann ich
mich nicht mehr genau erinnern.

Es gibt sehr viele innere Facetten, Seiten und Farben in mir, die ich früh gelernt und entwickelt habe. Eine Facette ist es, einfach anzupacken, wenn es notwendig ist. Die Ärmel hoch zu krempeln und das zu tun, was getan werden muss. So habe ich mit meinen sechs Jahren tatkräftig dabei geholfen, die Scherben wegzuräumen und mit dem Gartenschlauch das Blut abzuspritzen.

Hilmar besuchte uns wieder und wieder, und ich träumte bis zu seinem Tod davon, dass er blutüberströmt vor meinem Zimmerfenster steht und droht, zu mir hineinzukommen. Im Traum habe ich versucht, an allen Fenstern die Rollläden herunterzulassen, damit er keine Scheibe einschlagen und zu mir eindringen kann. Den letzten Rollladen habe ich nie geschafft, jedes Mal sah ich sein blutüberströmtes Gesicht vor mir und wachte schweißgebadet in panischer Angst auf.

Im Gegensatz zu meinem Opa hat Hilmar immer wieder versucht, den Alkohol aus seinem Leben zu verbannen. Damals fand so ein Entzug jedoch unter anderen Bedingungen als heute und in der Psychiatrie statt. Oft wurden die Menschen einfach festgebunden und mit eiskaltem Wasser abgespritzt. Ob das zu einer Lösung beigetragen hat?

Hilmar wurde Jahre später ein „Penner". In Heidelberg lebte er als Obdachloser auf der Straße. Irgendwann wurde ihm von der Stadt ein Wohnwagen zur Verfügung gestellt. Darin ist er dann gestorben. Als uns die Nachricht seines Todes erreichte, habe ich das Flüstern meiner Eltern belauscht. Hilmar mussten viele Knochen gebrochen werden, damit er überhaupt aus seinem Wohnwagen getragen werden konnte. Erst als er tot war, haben meine Albträume aufgehört.

Manchmal ist der Tod eine Erlösung. Ich sollte Hilmar jedoch später wieder treffen, als ich im Tunnel auf dem Weg zum Licht war.

***

Alles, was ich bisher erzählt habe, erlebte ich in den ersten fünfzehn Jahren meines Lebens. All diese zum Teil gruseligen, zum Teil surreal wirkenden Familiengeschichten waren „normal" für mich. Ich dachte, das ist in jeder Familie so. Erst als junge Frau dämmerte mir, dass es weder normal noch überall so ist. Es gab eine Zeit, in der ich unendlich wütend war, dann gab es eine Zeit, in der ich alles betrauert habe. Es gab auch eine Zeit, in der ich mich für all das schämte. Lange bin ich

zwischen Opfer, Täter und Retter im Dreieck gesprungen. In meiner liebsten Rolle stieg ich im
Notfall sofort in die Retterhose und raste mit Blau-
licht sofort an den nächsten Tatort.

Diese Geschichte hätte ich bis zum Abwinken so
weiterleben können.

Und täglich grüßt das Murmeltier.

Jetzt bin ich an einem Punkt, an dem ich liebevoll,
dankbar und im Frieden auf die Erlebnisse in unserer Familie schaue. Positiv betrachtet, kann ich
sagen, dass meine Ahninnen und Ahnen etwas
Nomadenhaftes an sich hatten. Sie begannen ihr
Leben immer wieder neu. Ich kann niemals erzählen, dass wir alle in Stuttgart geboren und aufgewachsen und dort auf das Gymnasium gegangen
sind, Abitur gemacht und Medizin studiert haben.
Meine Wurzeln reichen in viele Regionen der
Welt, und vermutlich gehörte es – bei all den
Schrecken, den Strapazen und dem ganzen Leid –
zum Familien-Credo, mit der puren Lebenskraft
gegenzuhalten, immer wieder der Mut zum Neubeginn aufzubringen und dem Slogan zu folgen:
„Aufgeben gibt`s nicht!"

Jeder, ja wirklich jeder in meiner Herkunftsfamilie hat mit all seiner Kraft versucht, das Beste aus den Lebensumständen zu machen. Es ist mal mehr und mal weniger gut gelungen. Andere Menschen erzählen mir oft, wenn ich nach Neuigkeiten frage: „Bei uns ist es so wie immer." Das gab es bei mir nie, ein „wie immer" lief vielleicht ein paar Monate gut, dann stand wieder das pralle Leben vor der Tür.

Manche Ereignisse haben mir schlichtweg den Boden unter den Füßen weggezogen, aber es gab immer auch die andere Seite. Als ich bettlägerig war, haben viele Menschen zu mir gesagt, sie würden meine Kraft und meinen Lebenswillen bewundern, meine innere Stärke, immer weiterzugehen. Vielleicht haben meine Vorfahren mir genau das hinterlassen. Sie mussten ja alle immer wieder lernen, außerhalb ihrer Komfortzone einen Weg „out of the box" zu finden.

Was hat meine Vorfahren verbunden? Es kann nicht das Gefühl von Heimat gewesen sein, da es keine mehr gab. Vielleicht ist es gerade das Trauma, die Heimatlosigkeit, das Schweigen und das Unausgesprochene, der Riss und die Scherben, was meiner Familie auf eine besondere Art Zusammenhalt geschenkt hat. Oft scheint das Geheimnis und das Verschwiegene mächtiger als das Klare, Offene und Bekannte.

Die Kiste meiner Großeltern, in der sie ihre wenigen Habseligkeiten der Flucht verpackt hatten, steht inzwischen in unserem Wohnzimmer. Sie spricht die Sprache der alten Heimat. In ihr stecken die unerzählte Erinnerung, der große Verlust, aber auch der verblasste Geschmack von Trauben und der Duft heimischer Erde.

Vermutlich gibt es in jeder Familie eine Kiste oder einen Koffer, der von Generation zu Generation weitergegeben wird, gefüllt mit dem Erbe der Vorfahren. Auf diesem Koffer befindet sich sozusagen der familiär-genetische Fingerabdruck. Manche Familien öffnen ihren Koffer mit bloßer Neugierde, andere weil sie auf der Suche nach Spuren sind. Manche Familien lassen ihn geschlossen und unbeachtet in einer Ecke stehen, und manche tragen Kofferinhalte mit sich herum, die eigentlich jemand ganz anderem gehören.

Vielleicht war es meine Aufgabe, unsere verschlossene Familien-Kiste zu öffnen. Rückblickend wundert es mich jedenfalls nicht, dass sich meine Seele in meinem Körper viele Jahre lang einfach heimatlos gefühlt hat. Ich war so lange auf der Suche nach mir selbst, nach Antworten, nach Grenzen. Nur wenn ich mich mit Gott, mit meiner Quelle verband, fühlte ich ihn, hatte ich den Geschmack von Heimat im Mund. Und so war die Reise meines Lebens immer eine Reise zu mir, zur Heimat in mir. Auch das gehört zu meinem Erbe.

Es ist ein Geschenk.

Haben wir nicht immer die Wahl, entweder an unserem Schicksal zu zerbrechen oder unser Schicksal anzunehmen? Wie sind der Hass und die Gewalt in der Familie meiner Mutter entstanden? Der Krieg, Flucht, eine Vergewaltigung, Hass auf den Peiniger, auf das Leben, keine andere Lösung. So kann die bunte Perlenkette unendlich lange weitergefädelt werden. Das Geschehene lässt sich nicht rückgängig machen, aber vielleicht hilft der neue Blick darauf? Gerne hätte ich einen Schuldigen gefunden, den es nie gab …

Und was ist Glück?

Mein Seppel-Opa ist auf seinem improvisierten Stuhl aus Sperrmüll glücklich. Ich

sehe ihn unter seinem Zwetschgenbaum sit-
zen und Nüsse knacken. Meine Oma ver-
sprüht überall ihre pure Lebenslust, obwohl
sie ständig verprügelt wird. Ich will ant-
worten, dass ich gerade sehr glücklich
bin – und das, obwohl mein Leben schon so
viele Jahre nur unter Schmerzen und vor
allem im Liegen stattfindet. An guten Tagen
liebe ich es, im Andenken an meine Vorfah-
ren Ungarisches Gulasch oder Schlesi-
schen Strudel zu kochen. So schmecke ich
immer einen Teil ihrer Heimat auf meiner
Zunge.

Was trägt uns also? Manchmal gibt es keine klaren Antworten oder sie zerrinnen einfach wie Sand zwischen den Fingern. Doch ich glaube, wie Rilke es so schön sagt, dass es darum geht, „die Fragen selbst lieb zu haben, wie verschlossene Stuben und wie Bücher, die in einer sehr fremden Sprache geschrieben sind". Man kann einfach in die Fragen und in das Leben als ein großes Mysterium und Wunder hineinleben.

Über Nacht „erwachsen"

Plötzlich knackt es

Über Nacht zerbrach der haltgebende Rahmen der Kindheit. Er bekam Risse und das Erwachsenenleben überwältigte mich mitten in meiner kleinen Mädchenwelt. Ich war gerade einmal zwölf Jahre alt.

Als ich an diesem Morgen erwachte, war etwas anders als sonst. Ich hörte ein leises Wimmern und Weinen. Kopfüber bin ich aus meinem Zimmer gestürmt und da lag sie – meine Mutter – auf dem grün gemusterten Teppichboden in unserem Esszimmer. Ihr Gesicht war schmerzverzerrt und sie konnte sich keinen Millimeter mehr rühren.

Schlotternd und mit zitternder Stimme, die mir fast zu versagen droht, rufe ich den Notruf an und ein Krankenwagen kommt. Von einer Sekunde auf die andere ist meine Mutter weg. Sechs Monate lang ...

Sie hatte einen schweren Bandscheibenvorfall, mit Lähmungen. Nach der Operation kam sie in die Reha. Es dauerte lange, bis sie wieder laufen konnte. Von einem Tag auf den anderen hatte ich also eine neue, sehr große und erwachsene Aufgabe erhalten. Schließlich musste der Haushalt geführt und mein Vater und mein Bruder versorgt werden. Da ich schon immer eine schnelle Auffassungsgabe besaß, war diese Mammut-Herausforderung schnell gelernt. Ich bin früh aus dem Bett direkt in meine kleine, rote Retterhose gesprungen, habe Vesper und Frühstück für alle gerichtet, mittags lecker für uns gekocht und nach den Hausaufgaben eingekauft, gewaschen, geputzt und gebügelt. Es hat alles super geklappt. Ich konnte schon vor der Pubertät einen Haushalt führen!

Mein Vater hat mich, als er fast achtzig Jahre alt war, einmal gefragt, wie alt ich damals eigentlich war? Er war so verspätet noch zutiefst erschüttert, aber auch berührt, als er wirklich begriff, dass ich die Familie mit zwölf Jahren alleine versorgt habe.

Irgendwie habe ich versucht, immer tapfer zu sein. Lediglich als ich gespürt habe, dass sich meine Eltern trennen würden, hat meine kleine Kinderseele dicke Kummertränen geweint und ich habe eine Zeit lang einfach aufgehört zu essen.

Es ist erstaunlich, wie viele Gedanken und Erinnerungen wir im Laufe unseres Lebens vergessen und wie sich wiederum andere richtiggehend eingraben und das Gewicht eines schweren Steins haben.

Ich bin 19 Jahre alt. Es ist Mittagspause. Ich liege für einen Moment bei meiner Hede-Oma auf dem Sofa und beobachte sie bei der Küchenarbeit. Sie ist gerade am Spülen der Töpfe, als ich mich bei dem Gedanken ertappe, wie ich sie um ihr Alter beneide. Ich denke: Sie hat es gut, sie hat ihr Leben bald geschafft.

Daran erinnere ich mich bis heute. Ich glaube, es war der erste Moment in meinem Leben, an dem ich bewusst die ganze Schwere von damals gespürt und wahrgenommen habe. Bis dahin hatte es sich wie „normal" angefühlt, schließlich kannte ich es nicht anders.

Später habe ich mich gefragt, wo in dieser frühen ernsten Zeit die Momente meines inneren Glücks gelegen haben. Gab es sie überhaupt? Es waren Spieleabende und Gespräche mit meinen Eltern und meinem Bruder, es waren Begegnungen und Spaziergänge mit meinen vielen Freunden und Freundinnen. Und es waren die Gänge zur Kirche – schon früh zog es mich an diesen Ort der Stille und des Friedens. Mein Bruder fühlte sich an wie ein dicker, Halt gebender Baum. Und so verwundert es vielleicht auch nicht, dass ich später Pädagogik und Theologie studiert habe. Ich war mächtig stolz darauf, dass ich als erste Frau in unserer Familie das Abitur geschafft hatte und ein Hochschulstudium absolvieren konnte.

Einzig, als ich kurz nach dem Abitur aus meinem Elternhaus ausgezogen bin, ist mir das nicht wirklich leicht gefallen. Der innere Deal, meine Mutter zu beschützen, war aus der Ferne gar nicht so einfach zu bewältigen. Natürlich hatte ich vergessen, meine Mutter zu fragen, ob sie überhaupt beschützt werden wollte. Wir standen zur damaligen Zeit in einer beinahe symbiotischen Verbindung und wir spürten unsere Freuden und Nöte oft schon jenseits von Worten.

***

Mein Vater und meine Mutter haben unendlich viel mit uns Kindern gespielt, geredet und gelacht. Wir machten als Familie viele Ausflüge mit dem Rad oder durchwanderten schöne kleine Täler, wo wir dann an einem knisternden Feuer lecker gegrillt haben.

Wir teilten aber auch die andere Seite. Die Wut, die Trauer, die Ohnmacht, die Angst, die Retterhose und manchmal auch die Sehnsucht nach dem erlösenden Tod.

Ich kann nur einen winzigen Ausschnitt aus meinem Kinder- und Jugendlichenleben hier beschreiben, auch wenn es noch so viel mehr zu erzählen gäbe. Meine Zeit im elterlichen Zuhause war reich und schenkte mir neben all der Schwere auch viele Kraftquellen. Bis heute treiben mich Neugier, Sehnsucht und die Suche nach der Essenz des Daseins an. Der Appetit auf das pure, kraftvolle Leben und auf die Magie jenseits des Schmerzes und der Schwere. Vielleicht habe ich deshalb schon früh entschieden, nicht vor meinem 104. Geburtstag aus dem Leben zu gehen, falls ich es denn tatsächlich beeinflussen kann. Ich habe immer gefühlt, dass noch so viel Schönes und Leichtes entdeckt werden will.

Mein roter R4

Reisend die Fülle des Lebens entdecken

Eine Heilerin hat mir einmal gesagt, mein Körper habe in diesem Leben einfach nicht den Charakter eines robusten Mercedes oder eines schnellen Porsche. Damit müsse ich mich eben abfinden. Da ich die ersten Fahrstunden meines Lebens in einem wunderschönen, klapprigen roten R4 absolviert habe, stellte ich mir meinen Körper also ab sofort als R4 vor – einen Retro-Kleinwagen von Renault. Dieses Auto hat einfach Charme. Die Schaltung ist nicht ganz einfach, es ist nicht perfekt, manchmal ist eine Schraube locker und es bleibt auch ab und zu stehen (oder liegen) – wie mein Körper. Aber es hat das gewisse Etwas, es ist individuell, und mein Herz hüpft bis heute höher, wenn ich irgendwo im Balkan oder in Frankreich so einen wunderschönen R4 sehe, vor allem wenn er rot ist.

Diese Autos wurden übrigens von 1961 bis 1992 gebaut. Und allein die Tatsache, dass sie bis heute auf den Straßen zu sehen sind, zeigt doch auch, dass man sie robust und treu nennen darf, eben genau so wie meinen Körper.

***

Mein Sternzeichen ist Schütze, im schamanischen Horoskop bin ich eine Eule, im Tarot ein Eremit und mein Aszendent ist Skorpion.

Tatsächlich habe ich alle dazugehörigen Eigenschaften in mir. Ich liebe die Freiheit und das Entdecken von Neuem, habe Freude an Herausforderungen und entwickle mich durch innere und äußere Grenzerfahrungen. Als Gegenpol brauche ich dafür die Stille, das Wachstum und viel Raum für meine Spiritualität. Es hat mich schon immer beflügelt, neue Länder, Kulturen und insbesondere Klöster zu entdecken und somit meiner Neugiernase viel „frische Luft" zu gönnen.

Während meines Studiums hatte ich natürlich kaum Geld und so habe ich mich einfach auf mein altes Drei-Gang-Fahrrad gesetzt und bin mit meinem damaligen Partner Jörg auf Entdeckungsreise gezogen. Mit dem Zelt auf dem Gepäckträger sind wir über 2500 Kilometer durch Irland geradelt. Schafe waren unsere Wegbegleiter. Mit Zug und Rad durchquerten wir das faszinierende Skandinavien, dann das herrliche Elsass. Mit dem klapprigen Automatik-Golf von Jörgs Oma tourten wir zwei Monate durch Spanien bis nach Andalusien. Dort lagen wir dann auf der Felsenkante, hielten unsere Köpfe über die tiefe Schlucht und über uns sind riesige Geier gekreist. Ich spüre noch heute den sanften Windhauch ihres Flügelschlags wie über meine Haare streichen.

Jörg und ich teilten zehn schöne Jahre miteinander. Er und seine Familie waren für mich wie eine neue Heimat, als sich meine Eltern dann doch getrennt haben und es kein Elternhaus mehr gab, in das ich zurückkehren konnte. Durch diese neue Verbindung kehrte Ruhe in mein Leben ein.

Eine meiner kraftvollsten Reisen führte mich nach Nepal, gemeinsam mit meinem neuen Partner Jochen. Wir sind über acht Wochen mit dem Rucksack auf einsamen Esel-Pfaden durch den „göttlichen" Himalaya gewandert. Wenn wir einmal den Weg verloren, was öfter mal passierte, gab es statt der hiesigen roten Streifen des Albvereins auf den Baumrinden die Ausscheidungssekrete der Esel auf den Wegen. Wir folgten also auf gut Deutsch der Eselsscheiße und das führte uns immer ans Ziel. Es war wirklich ein Abenteuer, wir haben auf lebensgefährlichen wackeligen Hängebrücken tiefe Schluchten überquert oder uns mit dem Rucksack auf dem Kopf durch reißende Gebirgsflüsse gequält.

Gleich am ersten Tag lagen 3.500 Steinstufen auf einem Anstieg vor uns. Bereits nach der zehnten Stufe bin ich wie ein kleiner fetter Käfer einfach nach hinten umgefallen. Der schwere Rucksack, die kleine Frau und so steile Treppen, das waren drei Faktoren, die nicht zusammenpassten. Daran musste unbedingt etwas geändert werden. Zuerst gab es zwei geschnitzte Stöcke in die Hand, aber am zweiten Abend war ich trotzdem am Ende meiner Kraft. Kurzerhand fragte ich bei einer nepalesischen Familie, ob ich das Zelt, den Kocher und unser ganzes Essen bei ihnen deponieren könnte. Das Haus war allerdings so klein, dass allein „mein Übergewicht" beinahe nicht in die winzigen Zimmer gepasst hätte. Dieser Umstand änderte nichts an der Gastfreundschaft dieser Familie, und am Ende unserer Reise wurden wir schon von winkenden Kindern erwartet, die uns freudestrahlend das Gepäck übergeben haben. Sogar unsere T-Shirts sind im Fluss frisch gewaschen worden.

Wir sind bis auf fast 4.800 Meter aufgestiegen, die Atmosphäre in dieser Höhe ist einfach unbeschreiblich. Es wächst kein Gras, nirgends steht noch ein Baum. Überall sehe ich Steine und „höre" eine abgrundtiefe Ur-Stille, wie ich sie noch nie zuvor erlebt habe. Es ist jenseits von Worten, ich kann es nicht beschreiben. Ich stehe nur da, laufe weiter, schaue in die große Wirklichkeit, die wie über allem ruht, eben diese unfassbare Stille.

Damals hatte ich bereits viele Jahre meditiert und verschiedene Zeiten in Klöstern verbracht. Am Anfang war es nicht leicht gewesen, spätestens am dritten Tag hätte ich am liebsten meinen Schemel an die Wand geworfen, weil ich nicht mehr sitzen konnte und wirklich jeder Muskel bis zum Zerreißen gespannt war. Später konnte ich Meditation richtig lieben. Und dann, mitten im Himalaya, fand ich mich einfach durch das Laufen in der gleichen inneren Seelenschwingung wieder.

In dieser meditativen und doch so kraftvollen Stille fühle ich eine tiefe Verbundenheit. Alles um mich herum erscheint mir als ein buntes Lebenswunder. Die Farben leuchten noch stärker und der tosende Wind, der die Stille durchdringt, aber keineswegs mit Lärm erfüllt, erinnert an harmonisch klingende Orchesterwerke.

Jetzt, wo wir ohne Zelt und Kochgeschirr unterwegs waren, haben wir jeden Abend an eine der kleinen Hütten am Wegesrand geklopft und gefragt, ob wir dort übernachten könnten. Meist wurde dann für uns auf dem offenen Feuer ein leckeres Mahl gekocht, mit Linsen, Reis, Pilzen und Farn aus dem nahen Wald. Manchmal gab es auch einen Eimer heißes Wasser, den wir uns als Dusche über den Kopf geschüttet haben.

Es glich allabendlich beinahe einem Zauber, die Menschen zu beobachten. Da wurde das kleine Huhn eingefangen und unter einem umgestülpten Korb in Sicherheit gebracht, die Ziege und das Yak an einem Pflock angebunden. Alle Handlungen wurden ohne Hast in Dankbarkeit und Achtsamkeit vollzogen. Das hat mich zutiefst beeindruckt. An den Rändern unserer Wege fanden wir ständig wunderschöne Opfergaben – Butterkerzen, Räucherstäbchen, eine Handvoll Reis mit leuchtenden Blüten. Überall gab es kleine buddhistische Klöster, die bunten Gebetsfahnen sah man schon von Weitem. Die jungen erwachsenen Mönche spielten in ihren roten Roben Fußball. Die Kinder waren tief in ihr Spiel versunken, schlichte Gegenstände aus der Natur, wie ein kleiner Stein oder ein Stock, dienten als Spielzeug. Es herrschte eine wunderbare Harmonie zwischen Natur und Mensch, zwischen Spiritualität und Alltag. Alles wirkte fließend ineinander verwoben.

Der R4 beginnt zu stottern

Dort im Himalaya – irgendwo zwischen den mächtigen Achttausendern – hatte ich meine erste Berührung mit meinem eigenen Tod. Jochen und ich saßen vor unserem Übernachtungshaus auf einer Holzbank mit Blick auf ein wunderschönes Hochtal mit ein paar Einheimischen beim Essen, da musste ich plötzlich anfangen zu niesen.

Ungefähr hundert Mal!

Erst lachten wir darüber, aber als dann meine Atmung immer schwächer wurde, verging uns der Humor. Plötzlich hatte ich keinen Muskel mehr unter Kontrolle. Mein Körper zitterte und zuckte wie wild. Jochen hat sich irgendwann auf mich gelegt in der Hoffnung, dass sich meine Muskeln beruhigen. Ich sah Fratzen an der Wand und irgendwann war uns klar, dass ich einen anaphylaktischen Schock hatte. Wer wusste schon genau, was da in meinem Essen oder Trinken war? Natürlich war weit und breit weder ein Arzt noch eine Klinik.

Ich habe mein Leben nicht mehr in der Hand. Ich habe meinen Körper nicht mehr unter Kontrolle. Alles, was mir gerade bleibt, ist mein Vertrauen und meine Verbundenheit mit Gott. Ich spüre, dass sich etwas in mir wie in einer anderen Dimension bewegt. Ein Teil von mir ist noch da, in der konkreten Welt. Aber ein anderer Teil rutscht weg, auf eine unbekannte andere Ebene. Etwas in mir „weiß", dass ich jetzt all meine innere Kraft mobilisieren muss. Der Lichttunnel nähert sich ...

Irgendwann gebe ich meine Angst auf, lasse den inneren Kampf los. Ich falle in meinen Atem wie beim Meditieren. Einatmen, ausatmen. Vertrauen. Zum ersten Mal verstehe ich, was gemeint ist, wenn man sagt, du kannst nicht tiefer fallen als in Gottes Hand. Ich fühle es, fühle die Quelle meines Lebens.

Da ist das Licht, ich habe es geschafft!

Ein paar Tage später konnten wir unsere Reise fortsetzen. Schon nach erstaunlich kurzer Zeit war das existenziell bedrohliche Erlebnis aus meiner Wahrnehmung verschwunden und ich ließ mich wieder von der Magie der Berge einfangen.

Als wir nach Deutschland zurückkamen, war ich von einer starken inneren Kraft erfüllt. Ich fühlte mich voller Energie, Vertrauen und Gesundheit. Nie hätte ich mir vorstellen können, dass es mich erwischt und mein Körper plötzlich nicht mehr mein Freund ist.

Doch dann …

Es war an einem Dienstag. Ich erinnere mich noch genau an den Moment, als alles losging. Ich war 32 Jahre alt. Inzwischen arbeitete ich als Sozialpädagogin und saß gerade mit einem straffällig gewordenen Jugendlichen auf dem Jugendamt bei einem Hilfeplangespräch. Plötzlich spürte ich mein rechtes Auge nicht mehr und meine rechte Gesichtshälfte wurde taub und kalt. Meine Lippen waren ohne Gefühl und es legte sich eine eiskalte Hand der Panik um mein Herz. Voller Anspannung fuhr ich nach Hause, nahm eine Tablette und legte mich ins Bett. Nein, zum Arzt gehen wollte ich nicht, erst recht nicht ins Krankenhaus. Erst mal abwarten, was sich da so entwickelt, dachte ich. Eigentlich wollte ich an diesem Abend in die Rockfabrik zum Tanzen gehen.

Bald schon breiten sich die Kälte- und Taubheitsgefühle in meiner gesamten rechten Körperhälfte aus. Hatte ich einen Schlaganfall? Was war nur los mit mir? Mein Kopf wurde kochend heiß.

Das war der Anfang.

Ich lag sechs Wochen im Bett. Vier Wochen davon hatte ich über vierzig Grad Fieber. Ich war völlig erschöpft, konnte mich nicht mehr waschen und schaffte in unserem dreistöckigen kleinen Hexenhaus den Weg nach unten zur Toilette nicht mehr. Mehrmals am Tag musste ich meine Kleider wechseln, im Nu war alles wieder durchgeschwitzt. Mein Kopf fühlte sich dumpf, taub und kochend heiß an. Es setzte sich ein Schmerz im Kopf fest, der mich von da an ständig begleiten sollte. Später wanderte dieser Schmerz weiter in meinen übrigen Körper.

Der Ärztemarathon begann.

Zunächst stand der Verdacht im Raum, ich könnte einen Tumor im Gehirn haben. Eine Kernspintomographie folgte der anderen, MRT und EEG. Nichts war zu finden. Tumore sind oft nicht gleich zu sehen, meinte mein Arzt. Aber es könnte auch eine Multiple Sklerose sein, da ich unter neurologischen Ausfallerscheinungen litt. Meine Hausärztin behandelte mich auf Grippe und Erschöpfung. Burnout? Einfach abwarten, meinte sie, es würde schon wieder besser werden.

Aber es wurde nicht besser.

Nach sechs Wochen schleppte ich mich wieder zur Arbeit. In dieser Zeit war ich freiberuflich tätig, hatte also schon anderthalb Monate nichts verdient. Als sozialpädagogische Familienhelferin fuhr ich täglich mit dem Auto quer durch den Landkreis zu „meinen Familien". Es passierte nicht nur einmal, dass ich auf der Autobahn fuhr und wegen der starken Konzentrationsprobleme nicht mehr wusste, wo ich genau war. Hatte ich eigentlich Schuhe angezogen? Oder fuhr ich gerade in Hausschuhen herum? Ich hatte einfach vergessen, wie der Tag begonnen hatte.

Zudem konnte ich nicht mehr schlafen und lag nächtelang wach. Das Gefühl eines gesunden starken Körpers entglitt mir wie Wasser zwischen den Steinen. Mein ganzes System war auf Alarm eingestellt.

Tausende von Fragen beginnen sich in mein Bewusstsein zu bohren und quälen mich. Warum ich? Was ist das? Wie soll es weitergehen? ... Ein kreisender Mindfuck. Ich suche verzweifelt nach Antworten. Und mein neues Mantra wird geboren: Was kann ich tun, damit ich endlich wieder gesund werde?

Ich war immer eine quirlige Partynudel-Öko-Frau. So beschrieben mich zumindest meine Freunde. Wenn du nicht dabei bist, dann ist es langweilig, hieß es immer. Am Wochenende ging es oft mit Freunden zur Demo gegen das Kernkraftwerk in der Nähe. Hier eine kleine Sitzblockade, dort wurden wir wieder einmal von einer Hundertschaft Polizisten eingekesselt und wegtransportiert. Dann eine Heilkräuterwanderung oder ein Trommelworkshop. Am Dienstagabend in der Rockfabrik abtanzen bis in den frühen Morgen. Und da waren dann noch die unzähligen Samstage, die ich damit verbrachte, Freunden zu helfen. Für den einen verkaufte ich Bio-Gemüse auf dem Markt, bei dem anderen kletterte ich auf dem Dachfirst herum und deckte das Dach. Von den siebzehn Tonnen Schotter, die ich schweißtreibend, gemeinsam mit meinem Bruder, in das Haus eines Freundes geschaufelt habe, will ich gar nicht reden. Ich kann mich gar nicht mehr daran erinnern, welche Muskeln nicht weh getan haben.

Und das alles ging jetzt nicht mehr!

Ich hatte ständig Kopfschmerzen. Tag und Nacht. Mal mehr, mal weniger, aber die Ursache fand niemand. Außerdem quälte mich eine unendliche Schwäche, eine bleierne Müdigkeit sowie eine tiefe Scham darüber, dass ich nicht mehr so vital war. Es war mir unendlich peinlich, darüber zu reden, und ich versuchte lange, meinen Schmerz und meine Erschöpfung vor anderen zu verstecken.

Natürlich fragten mich die Ärzte, ob denn die gesundheitlichen Probleme mit einem psychischen Ereignis zusammenhängen könnten? Es war aber nichts Besonderes passiert, außer dass bis dahin in meinem Leben schon unendlich viel passiert war. Ja klar, da gab es auch einige traumatische Erlebnisse, aber … Heute weiß ich natürlich, dass

Traumabelastungen und Schmerzen sehr wohl zusammenhängen können.

***

So begab ich mich mit meinem neuen Mantra im Gepäck auf eine neue und ungewöhnliche Reise. Während unzähliger Psychotherapiesitzungen streifte ich durch die Untiefen meiner inneren Landschaften, und da gab es einiges zu entdecken.

Es brodelte heftig in mir. So vieles wollte raus, gesehen, begrüßt und willkommen geheißen werden. Meine Wut, meine Angst, meine Trauer und meine tiefe Sehnsucht nach einem heilen, zarten Leben. Vermutlich hätte ich in dieser Zeit ganze Flussbetten mit meiner Trauer füllen können. Jede Faser meines Körpers schrie: Ich kann nicht mehr! Der Schmerz hatte sich in meinem Kopf dauerhaft festgekrallt. Die Erschöpfung war aber so gnädig, mir wenigstens zu erlauben, einen Teilzeitjob auszuüben.

Diese innere Reise brachte mir wohl viele spannende Erkenntnisse, aber körperlich kein Quäntchen Erleichterung. Ich musste weitersuchen, mir blieb nichts anderes übrig.

Erst zwei Jahre später hatten ein Arzt und eine Heilpraktikerin die Idee, mich nach Zeckenbissen zu fragen und nach Viren zu suchen. Damals war Borreliose übrigens noch kein heikles Thema. Die hatte man einfach und entfernte sie. Und da erinnerte ich mich, dass ich mir in meinem Garten schon mindestens vierzig bis sechzig Zecken eingefangen hatte. An manchen Tagen hatte ich mir abends gleich mehrere aus dem Bein gezogen. Daran hatte ich überhaupt noch nicht gedacht. Außerdem ergab meine Blutuntersuchung, dass die vermeintliche Grippe in Wahrheit ein Pfeiffersches Drüsenfieber gewesen war, der Wert des auslösenden EBV-Virus zeigte sich noch nach zwei Jahren sehr stark erhöht. Die Erreger hatten also richtig viel Zeit gehabt, sich in meinem Körper niederzulassen.

Die neue Diagnose-Fährte löste in mir einen unendlich starken Druck aus, endlich eine Lösung zu finden. Ich wollte doch endlich wieder gesund sein!

Meine neue Heimat

Da der Alltag kaum Zeit für die zarten und langsamen Prozesse der Seele ließ und mein Körper mehr und mehr geschwächt war, habe ich mich damals für eine Sabbatzeit entschieden. Ich kündigte meine Arbeit und trennte mich von Jochen.

Im Sommer bin ich gemeinsam mit meiner Mutter und meinem Bruder im Südschwarzwald zu einer Woche Wellnessurlaub angetreten. Dort habe ich den Koch des kleinen Hotels kennengelernt. Wir hatten anschließend eine mühsame On- und Off-Beziehung, die letztlich auch nicht hielt. Aber durch die vielen Besuche bei ihm lernte ich mehr und mehr den Schwarzwald kennen. Im weiteren Verlauf meiner Auszeit entwickelte ich eine wachsende Sehnsucht nach der Stille und Kraft dieses Landstrichs und irgendwann wusste ich: Genau da will ich leben! Natürlich habe ich immer wieder meine innere Stimme befragt, ob das wirklich mein Weg sei. Alle meine Freunde, meine ganze Familie wären dann 250 Kilometer weit entfernt und ich sozusagen ganz allein in dieser neuen Welt.

Ich bin dem Ruf meiner Seele gefolgt.

Mit 35 Jahren. Ich verkaufte viele unnötige Dinge und zog kurzerhand mit meinem roten Polo und einem kleinen Anhänger voller Habseligkeiten allein in den Schwarzwald. Eine neue Arbeit war schnell gefunden. Für die Suche nach meinem neuen Lebensort habe ich mir jedoch Zeit gelassen. Ich mietete eine Ferienwohnung und unternahm jedes Wochenende Entdeckungstouren, um die Gegend genauer zu erkunden.

Eines Tages traf es mich wie ein Blitz: Ich stand im kleinen Ellmenegg vor einem wunderschönen Bauernhaus mit der Aufschrift „Haus ruh dich aus". Ich wusste sofort: das ist es! Ich habe es von der ersten Minute an geliebt. Es muss wohl der sechste Januar gewesen sein, denn es stand gerade ein Mann mit seinen drei Kindern und den Sternsingern vor der Tür. Mein Herz klopfte wild und es kostete mich eine ordentliche Portion Mut, diesen wildfremden Menschen anzusprechen. Ich wagte es – und hatte Glück. Vier Wochen später bin ich in eine Wohnung in diesem Haus gezogen.

Von da an war eine tiefe Stille um mich herum und ich entdeckte mich selbst.

Ellmenegg hat genau sechzehn Häuser und liegt auf über tausend Höhenmeter. Wenn ich morgens die Vorhänge geöffnet habe, blickte ich auf die von der Sonne angestrahlten Schweizer Alpen. Im Garten gab es eine Quelle und der Wald lag nur ein paar Meter vom Haus entfernt. Bald waren die Kinder des Hauses jeden Abend bei mir und wir lernten uns bei Geschichten und heißem Tee immer mehr kennen.

Jeden Abend lief ich eine kleine Runde durch die magische Natur und bald traf ich im Wald auf einen neuen „Freund". Ein kleiner Fuchs wartete bei meinen Spaziergängen beinahe allabendlich an einer Weggabelung auf mich. Wir begrüßten uns kurz, dann huschte er wieder scheu ins dunkle Unterholz. An manchen Abenden habe ich auf dem Rückweg über zwanzig Rehe friedlich auf der Wiese direkt am Waldrand äsen sehen.

Als ich einmal spät nachts mit meinem roten Polo auf den Parkplatz vor dem Haus gefahren bin und in der Dunkelheit noch eine Weile im Auto saß, um einem Lied im Radio zu lauschen, rutschte plötzlich ein kleiner Marder an der Frontscheibe herunter und starrte mich durch das Glas neugierig an. Ich weiß nicht, wer mehr erschrocken war, er oder ich.

Die Tiere und die Natur um mich herum faszinierten mich und schenkten mir neuen, kraftvollen Frieden. Nahe am Haus stand ein riesiger Baum, in dem ein verfallenes Baumhaus thronte. Ich konnte nicht anders, ich musste das kleine Domizil in der Höhe einfach reaktivieren, und so lag ich künftig ab und zu einfach zwischen den wiegenden Ästen und Blättern im Wind. Außerdem hatte meine Wohnung einen großen hölzernen Balkon und ich konnte die heißen Sommernächte oft draußen unter freiem Himmel verbringen und Sternschnuppen zählen.

Lediglich die Schneeberge im Winter haben mich etwas überfordert. Jeden Morgen musste mein Polo ausgegraben werden und am Abend warteten der kleine Weg und der Parkplatz schon wieder auf Befreiung vom Neuschnee. Das dauerte manchmal Stunden und kostete mich richtig viel Kraft. Einmal musste ich mir doch tatsächlich schon um zehn Uhr morgens Linsen mit Spätzle kochen, um wieder Kraft für den nächsten Schneeberg zu tanken.

Die Entdeckung der sinnlichen Frau

Der Wald um mich herum zog mich mit seinem Aroma beinahe magisch an. Mal zog es mich mit meiner großen Trommel in den Wald, mal streifte ich stundenlang zwischen den dicken Tannen und den kleinen munteren Bächen umher oder legte mich einfach nur auf den duftenden Waldboden und genoss die Sonnenstrahlen, die zwischen den Wipfeln hereinfielen.

Einmal spürte ich den Wunsch in mir aufsteigen, den Wald nackt zu erleben. Ich sehnte mich nach Regentropfen auf meiner Haut, nach der Berührung des Windes, und mich lockte das kitzelnde Moos. Auch das erlaubte ich mir, und es war der pure sinnliche Genuss – reine Ekstase.

In dieser Zeit entdeckte ich auch das Fünf Rhythmen Tanzen nach Gabrielle Roth. Ich liebte es, mit dem „Fließen" einzusteigen, später zu wilden und harten „Staccatos" zu wechseln und von da aus im „Chaos" zu landen, um anschließend mit „Lyrik" zu transzendieren und auf der letzten Stufe in der tiefen „Stille" des Moments anzukommen. Ich tanzte in Freiburg, Winterthur und Zürich. Nach spätestens zwanzig Minuten lief dort das Schwitzwasser von den Fensterscheiben, weil die Menschen vibrierten, tobten, liebten in allen Facetten und Gefühlen. Das hat mich zutiefst berührt und wurde zum neuen Ausdruck meiner Seele.

> *Ab sofort tanze ich durch mein Leben und durch meine Emotionen. Ich entdecke den feurigen roten Vulkan in mir, der schon so lange auf mich wartet. Er ist eine freudige Entdeckung, denn neuerdings schwinge ich in meinen ganz eigenen Takt, und ich lasse mich einfach nur noch von meiner Intuition leiten. Ich sollte verwundert sein, weil ich mich in kürzester Zeit zwischen fünf Liebhabern wiederfinde. Eigentlich will ich doch bloß meine Ruhe, oder nicht?*

Scheinbar wollte die sinnliche Frau in mir erweckt werden. Sie klopfte so laut an meine innere Tür, dass ich sie irgendwann nicht mehr ignorieren konnte. Also habe ich die Tür geöffnet und die Leichtigkeit des Seins eingelassen in mein Leben.

Erotik und Sinnlichkeit hatten bislang, ehrlich gesagt, nicht im Vordergrund gestanden für mich. Vielleicht, weil in meiner Familie die Erfahrung „Mann = Gewalt" so präsent gewesen war und viele meiner Ahninnen Sexualität auch nie wirklich als schön oder sinnlich erlebt hatten. Irgendwie bildete dieser Bereich ein dunkles, leeres Loch unter den Frauen in meiner Familie, das unbedingt mit Lebendigkeit und Leichtigkeit gefüllt werden wollte.

Alle diese Details aus meinem Leben damals haben mich in den späteren dunkelsten Stunden getragen. Wenn ich diesen Umschwung nicht gewagt hätte, wenn ich einfach immer nur weiter zwischen Überleben und Funktionieren, zwischen Stress und Durchhalten existiert hätte, woran hätte ich mich dann erinnert, als ich über Monate nur noch liegen konnte und nicht mehr wusste, ob ich überhaupt alt werde? Da waren es genau diese zarten und sinnlichen Momente, die ich vermisste und erneut fühlte und für die ich dankbar war. Wenn sich die Sekunden anfühlen wie ein langer, zäher Schleim, der sich langsam durch den Tag zieht, und wenn es nur noch wenig Schönes gibt, dann nährte mich die sinnliche Erinnerung an den Regen auf meiner Haut, an das Gras unter meinen Füßen, an den Sternenhimmel über mir und an den tanzenden Rhythmus.

Franz und die Rote Zora

Mein Vater hat mir übrigens viele Jahre später erzählt, dass meine ungarischen Vorfahren ursprünglich aus dem Schwarzwald stammen. Habe ich deshalb intuitiv dort meine Wahlheimat gefunden? Was soll ich sagen, es war der beste Schritt meines Lebens! Ich war angekommen. Aber nicht nur das, ich bekam noch das wertvollste Geschenk obendrauf: den besten zukünftigen Ehemann der Welt!

Einer der Liebhaber damals war Franz.

Ganz ehrlich: Ich hatte innerlich einen Mann „bestellt", der Techniker und Wassermann ist. Mein Vater ist Maschinenbautechniker und ich habe es immer bewundert, wie er alles so managte, baute und umbaute und reparierte. Bei einem Techniker herrschte anscheinend innerlich das Credo, alles sei machbar, wenn man wisse, wie man es machen muss. Außerdem habe ich mir vorgestellt, dass ein Techniker oder Mechaniker genug Erdung besitze, um dem schwebenden spirituellen Anteil in mir ein Anker zu sein. So ein Anker, der mich gelegentlich wieder auf den Boden holt und mich mit den irdischen Freuden des Lebens beglückt. Auf den Wassermann bin ich gekommen, weil meine Hede-

Oma im Sternzeichen „Wassermann" geboren wurde. Auf ihrem Lebensweg gingen Schmerz und Leichtigkeit Hand in Hand.

Kein Witz: Als ich von Franz erfuhr, dass er Maschinenbautechniker und Wassermann ist, war ich fassungslos! Er hatte sich übrigens immer eine Frau mit blonden langen Haaren gewünscht. Ich bin zwar blond, hatte jedoch zu dieser Zeit feuerrot gefärbte Haare, entsprechend der Glut meines inneren Vulkans. Unsere beiden „oberflächlichen" Wunschzettel haben tatsächlich ihren Zweck erfüllt.

Franz und ich haben uns über unsere Arbeit kennengelernt. Er war als Ausbilder tätig und ich begleitete in dieser Zeit junge Auszubildende. Also stand irgendwann unvermeidlich mein Betriebsbesuch bei Franz an. Sein Stellvertreter öffnete mir die Tür und teilte mir mit, dass Franz leider erkrankt sei und somit das Gespräch mit ihm stattfinden werde. Für mich war es damit erledigt und daher war ich verwundert, als Franz am nächsten Tag in meinem Büro anrief und mich darum bat, erneut in seinen Betrieb zu kommen.

Später erzählte er mir, sein Arbeitskollege habe ihn dazu ermutigt, noch einmal Kontakt zu mir aufzunehmen. Er habe gesagt: „Das ist eine tolle Frau, die wäre was für dich!" Ohne diesen cleveren Kollegen hätten wir uns vermutlich nie kennengelernt. Leider hat er sich ein paar Jahre später das Leben genommen. Franz hat ihn gefunden und das war ein schweres und herausforderndes Erlebnis für ihn. Bis heute sind wir diesem Mann unendlich dankbar, dass er seiner guten Intuition gefolgt war.

Ich bin noch einmal unterwegs zu Franz` Betrieb. Wir führen ein wunderschönes tiefes Gespräch. Beim Gehen drehe ich mich noch einmal nach ihm um und die Welt ist plötzlich ein Stückchen wärmer und bunter. Franz ist so mutig, sich bei mir zu melden und das ist ein großes Glück. Wir verabreden uns. Er holt mich mit seinem knatternden roten VW-Bus (Baujahr 1968, mein Geburtsjahr) in Ellmenegg ab. Er stellt mir den Bus als die „Rote Zora" vor.

Franz hat liebevoll Berge an Essen eingekauft und verwöhnt mich mitten in der Natur an einem ausgesuchten Picknickplatz mit Blick auf die herrlichen Schweizer Alpen mit einem tollen Drei-Gang-Menü.

Ich spüre seine zarte Berührung an meiner Schläfe, als ich ihm von meiner Erkrankung und meinen Schmerzen erzähle. Es ist wie ein tiefes Einverständnis. Uns fehlt noch die Erfahrung, was uns das künftige Leben alles abverlangen wird, aber wir wissen ganz sicher, dass wir alles gemeinsam schaffen werden.

***

Es fing mit Franz und mir als klassische Affäre an. Wir wollten beide keine feste Beziehung und schon gar nicht heiraten. Der Status einer Affäre hatte zudem den inspirierenden Vorteil, dass wir absolut ehrlich zueinander waren und uns unsere tiefsten Gedanken, Wünsche und Sehnsüchte in aller Freiheit erzählt haben. Somit war eigentlich von Anfang an bereits klar, dass unsere Idee von Beziehung auf jeden Fall eine sehr offene und freie Version sein wird. Da waren ja schließlich noch die anderen vier Liebhaber. Natürlich ist in dieser „Fülle" irgendwann das Chaos ausgebrochen. Der eine Mann wollte eine tiefere Beziehung, der andere plötzlich keine mehr und mit dem nächsten war der Abschied von Beginn an vorgezeichnet. Ich brauchte Zeit, um eine neue Ordnung in mein Liebesleben zu bringen und mich von den anderen Männern zu lösen. Vermutlich sind Franz und ich auch deshalb ein paar Umwege gelaufen, bevor wir uns endgültig gefunden haben. Erst dann konnten unsere gemeinsamen Perlen gefädelt werden …

In dieser ersten Zeit unserer Affären-Beziehung hat sich ein lieber Freund von mir erhängt. Kurz vor seinem Tod besuchte er mich noch mit dem Fahrrad in Ellmenegg. Erst im Nachhinein habe ich verstanden, dass er so seinen Abschied von mir geplant hat. Franz` erste Begegnung mit meiner „alten" Clique bestand also darin, unseren lieben Freund gemeinsam zu Grabe zu tragen. Ein paar Jahre zuvor war ich Trauzeugin bei dessen wunderschöner Hochzeit gewesen. Und jetzt war er nicht mehr da. Somit waren wir schon zu Beginn unserer Beziehung nicht nur mit den lichtvollen Themen des Lebens konfrontiert.

Kurz nach unserem Kennenlernen, zum Jahresende, musste ich meine Wohnung in Ellmenegg für zwei Wochen verlassen. Sie war bereits vor meinem Einzug über Weihnachten als Ferienwohnung vermietet worden. Wo sollte ich hin? Franz war mit seinem besten Freund für fünf Wochen in Argentinien und bot mir an, in seiner Wohnung zu leben. Ich zog also mit ein paar Habseligkeiten in seinen „Termitenhügel", wie er sie liebevoll nannte.

Unter ihm wohnte seine Oma. Als ich das erste Mal ihre Stimme hörte, dachte ich, es sei sein Opa, denn die Stimme, die nach oben drang, war ganz tief, rau und dunkel. Seine Oma hat ihr Leben lang geraucht und alle Freunde von Franz liebten sie sehr. Oft saßen sie nachts noch bei ihr im Wohnzimmer, auf einen kleinen Absacker und einer letzten Zigarette. Auch ich habe seine Oma sofort ins Herz geschlossen. Sie hatte einen herrlich schwarzen Humor. Wir haben uns nur ein paar wenige Male gesehen, als ich in Franz Wohnung lebte. An einem unvergesslichen Tag stand sie plötzlich auf der Treppenstufe, legte ihre Hände auf mein Gesicht und sagte: „Schön, dass du in Lauchringen bist und jetzt hier bleibst." Es war beinahe so, als ob sie gespürt hätte, dass ihr Enkel nun seine Frau gefunden hat und sie ihn „versorgt" wusste. Ich war sehr berührt von dieser Geste.

Ein paar Monate später schlief sanft bei einer letzten Zigarette und einer letzten Tasse Kaffee in ihrem Lieblingsstuhl für immer ein.

Franz und ich entschieden uns, zusammenzuziehen. Übrigens war klar, dass wir nach Lauchringen oder nach Lauchringen – also auf jeden Fall nach Lauchringen ziehen. Ich hatte maximal die Wahl zwischen Ober- und Unterlauchringen. Ich will damit zum Ausdruck bringen, dass Franz seinen Heimatort so sehr liebt, dass es tatsächlich keine andere Wahl gab. Und so kam ich bei Franz in meiner nächsten neuen Heimat an. Bis zu diesem Tag war ich fünfzehn Mal in meinem Leben umgezogen.

Inzwischen bin ich schon siebzehn Jahre hier. Mein damaliger Neuanfang beflügelte mich mehr und mehr. Ich fühlte mich angekommen, spürte eine tiefe innere Fülle und Zufriedenheit. Die Erschöpfungssymptome hatten sich gebessert. Lediglich die Schmerzen im Kopf, vor allem an der Schläfe und hinter dem rechten Auge waren noch beständiger Dauergast.

Der erste Albtraum und ein Ausflug ins Licht

Ich war 36 Jahre alt, als ich das erste Mal für ein ganzes Jahr bettlägerig wurde. Wir hatten gerade unsere gemeinsame Wohnung bezogen, als eine manuelle Therapie an meinem Schädel einen schweren Schub auslöste. Ich erhielt eine weitere Diagnose: Postinfektiöse Meningoencephalitis nach EBV, was so viel bedeutet, dass sowohl mein Gehirn als auch meine Hirnhäute durch den Virus entzündet waren. Es hatte sich ein kleiner „Schwelbrand" in meinem Kopf festgesetzt. Die Viruserkrankung war nicht ausgeheilt und hatte mein Nervensystem befallen. Viele Menschen sterben an dieser Erkrankung oder tragen dauerhaft Behinderungen davon. Bis heute gibt es keine Medikamente für die Ausheilung von Vireninfektionen. Es kam lediglich eine Schmerztherapie infrage, das hieß im Klartext, Tag für Tag mehr und mehr Medikamente (mit all den dazugehörigen Nebenwirkungen) in einer immer noch höheren Dosierung auszuprobieren. Ich weiß bis heute nicht, welche konkreten Folgeschäden dieser Gehirn- und Hirnhautentzündung aufgetreten sind oder ob sich der Virus einfach immer weiter festgesetzt und ausgebreitet hat.

Meine Ausflüge fanden in diesem langen Jahr nur noch zwischen Sofa und Bett statt. Duschen war eine Höchstleistung. Bei Elisabeth Tova Bailey las ich in „Das Geräusch einer Schnecke beim Essen" diesen passenden Satz dazu: „Die einzige Regel, die es im Leben noch gibt, ist die Ungewissheit und die einzige Bewegung das Verstreichen der Zeit." Genau so war es.

Alle Geräusche verursachen ein lautes Schrillen in meinem Kopf. Lesen oder Fernsehen strengt zu sehr an. Ich liege seit vierundzwanzig Stunden in absoluter Stille und halte meinen Blick auf die Holzdecke gerichtet. Das Einzige, was mir bleibt, ist, die Astlöcher zu zählen und zu beobachten. Manche sehen aus wie Engel, andere erinnern mich an Vögel. Eine tiefe Verzweiflung fließt in mir, sie ist wie schwarze dunkle Farbe. Mein Mut und meine Kraft sind ausgewandert, ich weiß nicht wohin und auch nicht, ob sie je wiederkommen. An ihre Stelle sind Ohnmacht und Angst getreten, ihr übergroßes Gepäck verstopft mein Herz.

Franz` Mutter und viele meiner neuen Freundinnen haben mir Essen vorbeigebracht oder mir eine Fußmassage verabreicht. Jede Berührung hat mich beruhigt und den Schmerz etwas gelindert. Da ich auch kaum noch Kraft hatte, um zu telefonieren, kamen oft Briefe und Päckchen an mein Bett geflattert, von Freunden und Freundinnen aus meiner alten Heimat oder von meinen Eltern.

Mein Körper war wie gelähmt, es gab Momente, da kamen einfach keine Worte mehr aus meinem Mund. Die Signale, die ich an mein Gehirn sendete, sind in diesen Momenten wie in einem Wattebausch verpufft. Verzweifelt versuchte ich in meinem Kopf den roten Faden zu fassen, der für Worte oder Bewegung zuständig war. Er war nicht mehr zu finden.

Franz und ich hatten die Absprache, dass ich im Notfall einfach auf die Speichertaste „1" unseres Telefons drückte und er sofort nach Hause kam. Franz stand mir Tag und Nacht bei. Er war immer für mich da, tröstete mich, hielt mich im Arm, wachte mit mir die Nächte durch, streichelte mich und schenkte mir Hoffnung.

Manchmal war mein Kopf so heiß, dass ich nur noch glühte. Franz schleppte mich dann auf den Balkon hinaus und stellte mich in den kalten Schnee oder auf ein Stück eiskaltes Blech. Das half manchmal, die Hitze etwas aus meinem Kopf zu bekommen. Wenn ich vor lauter Schmerzen nur noch erbrechen musste, saß er an meinem Bett und hielt mir den Eimer. Franz hielt die unendliche Hilflosigkeit mit mir gemeinsam aus. Ich weiß bis heute nicht, wie er das geschafft hat. Er sagt immer, dass es sein „Job" sei, mich zu beschützen.

Diese schwere Zeit hat uns zutiefst geprägt. Über eine nicht zugeschraubte Zahnpastatube haben wir uns noch nie gestritten.

***

Irgendwann in diesen schweren Monaten machte ich eine Nahtoderfahrung, die mein ganzes weiteres Leben beeinflusst hat. Franz hatte ausnahmsweise einen freien Abend und war mit seinem Freund aus, ich war allein zu Hause. Die Schmerzen im Kopf wurden so heftig, dass ich glaubte, wahnsinnig zu werden. Plötzlich rutschte ich – ähnlich wie damals in Nepal – in meiner Wahrnehmung eine Stufe tiefer …

Ich bewege mich durch einen lichtdurchfluteten Tunnel, an dessen Ende ein nahezu gleißendes Licht zu sehen und zu spüren ist. Dieses Licht zieht mich an wie ein Magnet und jede Faser meines Körpers sehnt sich nach einer Vereinigung damit. Es ist, als ob ich gleichzeitig in zwei Sphären des Bewusstseins eingetaucht bin.

Eine Seite in mir spürt ganz deutlich, dass ich gerade sterbe.

Die andere Seite lässt einfach los und lässt es geschehen.

Ich fühle mich leicht wie eine Feder und rase in großer Geschwindigkeit durch den Tunnel. Mein Leben läuft währenddessen wie ein Film vor meinem inneren Auge ab. Wie auf einer Leinwand waren viele einzelne Sequenzen aus meinem bisherigen Leben sichtbar und reihen sich nacheinander. Ich sehe mich als kleines Mädchen auf meinem Dreirad sitzen und mit meinen Eltern spielen. Ich sehe meine Haustiere noch einmal vor mir. Wie ich als Jugendliche mit meinen Freundinnen auf der Wiese liege. Sehe meinen Bruder, meine Partner und alle möglichen Menschen, denen ich begegnet bin. Es gibt keine Bewertungen, alles, was war, ist gut und in Ordnung so.

Im Tunnel streife ich in parallel stattfin-
denden Sequenzen alle möglichen bereits
verstorbenen Menschen, die mir in irgend-
einer Form nahe sind. Ich spüre meine
Großeltern und da ist auch Hilmar wieder.
Es ist so, als würde ich ihr Energiefeld be-
rühren. Es ist keinerlei Materie, kein Kör-
per und kein Gesicht erkennbar, aber ich
fühle, dass sie es sind. Es gibt keine Vor-
würfe, keine Schuld, nur reine Liebe. Alles,
was war, ist jetzt gut. Am Ende des Tunnels
warten Erlösung, Unendlichkeit, Leichtig-
keit, Licht und Liebe auf mich – auf uns al-
le.

Und doch spüre ich auch eine starke Kraft,
die mich wie an einem dicken Band immer
wieder zurückzieht. Eine Stimme in mir
selbst flüstert mir zu, dass ich hier auf der
Erde noch eine wichtige Aufgabe zu erledi-
gen habe und noch nicht gehen soll. Ganz
plötzlich erkenne ich glasklar, dass es
gleichgültig ist, ob ich gehe oder bleibe.
Ich spüre die Ewigkeit.

„Jetzt ist Ewigkeit!" Ich höre deutlich die-
se drei Worte.

*Ich bin bei kristallklarem Bewusstsein und
weiß, wenn ich jetzt aus dem Leben gehe,
komme ich mit derselben Aufgabe wieder
zurück ...*

Aber was ist meine Aufgabe?

In diesem Tunnel spürte ich, dass es keinen Tod
gibt, sondern nur Energie und Wandlung. Gelegentlich verlässt unsere Seele den Körper und manifestiert sich in einer anderen Form neu. Jetzt ist
Ewigkeit. Ewigkeit ist jetzt. Von da an hatte ich
eine tiefe Gewissheit darüber, dass ich schon oft
auf der Erde gewesen bin und immer wieder kommen würde. Es war egal, ob ich ging oder blieb.

Ich blieb.

Gerade hatte ich meine Heimat gefunden und meinen Mann. Meine tiefe Liebe zu Franz zog kräftig
an dem Band, das mich hier auf der Erde wieder
verankern wollte. Ich wollte doch noch so viel mit
ihm erleben und vor allem wollte ich ihn nicht
alleine lassen. Das Leben zog wie ein kraftvoller
Sog an mir und holte mich wieder zurück. Und da
war ich wieder, auf dem Sofa mit unendlich heftigen Schmerzen und Hitze im Kopf.

Da mir in diesem Moment einmal mehr bewusst war, dass mein Leben nur noch an einem seidenen Faden hing, beschloss ich innerlich, mich um meine Beerdigung zu kümmern. Zum damaligen Zeitpunkt hätten wir es aber beide nicht geschafft, über dieses Thema zu reden. Das war erst viele Jahre später möglich, als es wieder einmal so weit war. Und so sprach ich mit meinem Freund Jochen darüber und bat ihn, Franz meine Gedanken zu erzählen, falls ich nicht mehr lebe. Ich bat ihn auch darum, im Falle des Falles meinen Bruder anzurufen und ihm mitzuteilen, dass ich ihn immer geliebt habe und immer tief lieben werde. Wir hatten zu diesem Zeitpunkt unseres Lebens gerade keinen guten Kontakt miteinander. Als es mir nach Monaten besser ging, schrieb ich ihm selbst einen langen Brief.

Auch das sollte ich lernen: Aussöhnung und Vergebung ist etwas sehr Wichtiges im Leben. Nach dieser Erfahrung gab es in meinem Leben nie mehr eine Löffel- oder Bucket-Liste. Es wurde ab sofort zu meinem Lebensmotto, alles umzusetzen, was gelebt werden wollte. Und genau dafür hatte ich den allerbesten Ehemann der Welt an meiner Seite. Aufschieberitis und Abwarten waren keine Möglichkeit mehr. Ich spreche nicht vom Kauf eines

Paar Schuhe oder vom Buchen einer neuen Reise. Der Tod ist einer meiner größten Lehrer im Leben geworden. Er rüttelt wach und führt glasklar an die Essenz des Lebens.

Der Ärztekongress und Nadeln im Kopf

Rückblickend war der Tag vor dem Ärztekongress einer der schwärzesten in dieser Zeit. Meine Ärzte waren mit ihrem Latein am Ende und ich erhielt die Info, dass ich schulmedizinisch austherapiert sei. Es gab keine Medikamente(-gruppen) mehr, die ich noch nicht ausprobiert hatte, und meine Schmerztherapeutin machte mir den Vorschlag, meine Geschichte auf diesem Kongress vorzustellen.

Mit starken Schmerzmitteln und viel Hoffnung gedopt, schleppte ich mich, gemeinsam mit Franz, zu diesem „Event". Es waren 25 Schmerztherapeuten versammelt, die Koryphäen aus ganz Deutschland. Vor ihnen sollte ich meine Situation mit allen Therapien und Untersuchungen noch einmal schildern.

Die Ärzte stellen mir viele Fragen, und als ich alle beantwortet habe, legt sich ein tiefes Schweigen über den Raum. Ohnmacht und Hilflosigkeit stehen hart und unerbittlich zwischen mir und den Experten. Sie sagen, es gebe nur noch einen einzigen Ausweg: Ich soll in ein künstliches Koma gelegt werden. Das Risiko dieser Maßnahme bestehe allerdings darin, entweder gar nicht mehr aufzuwachen oder danach geistig behindert zu sein.

Und jetzt? Ist das mein Weg?

Es wird still in mir. Ich bin beschützt. Eine neue Tür öffnet sich.

Die folgende Zeit stand unter den Überschriften „Schnabel hoch!" und „Mein Kleinkrieg gegen die Karotte".

Durch meinen Vater wurde ich auf eine private Schmerzklinik aufmerksam. Der leitende Arzt hatte ein einzigartiges Konzept zur Schmerztherapie entwickelt, ganz ohne schulmedizinische Medikamente. Das Ziel der Therapie bestand darin, das Schmerzgedächtnis zu durchbrechen. Wir mussten sofort nach dem Check-in alle Medikamente abgeben, was bei manchen erst einmal einen ordentlichen Entzug auslöste.

Der Arzt arbeitete mit Injektionsbehandlungen mit Lidocain (das ist ein Lokalanästhetikum). Über viele Wochen bekam ich morgens und abends mindestens je zehn Infiltrationen zur Blockade der Nerven direkt an meiner Wirbelsäule. An der Brustwirbelsäule mussten wir immer „flach" atmen, damit die Lunge nicht versehentlich durchstochen würde. An manchen Tagen spritzte er direkt in meinen Schädel. Dazu musste ich den Mund öffnen, bis ein kleiner Spalt direkt vor dem Ohr spürbar war. Er rammte die Spritze direkt in diese kleine Öffnung und meinte, wenn ich jetzt den Mund schließe, bin ich tot.

Sein Daumen war von dem starken Druck ganz weiß und mir liefen vor Schmerz die Tränen über die Wangen. Tapfer hielt ich den Mund offen. Franz hat einmal zugeschaut und mir berichtet, die Nadel sei ungefähr zehn bis fünfzehn Zentimeter lang gewesen und total im Gewebe verschwunden. Dieser Arzt ist für mich bis heute ein Genie und

Grenzgänger zugleich. Ihm habe ich mein neues Leben zu verdanken. Dafür bin ich ihm zutiefst verbunden.

Wir durften uns tagsüber zu keiner Zeit hinlegen, gleichgültig, wie schlecht es uns ging. Wir mussten permanent mit gestrecktem Kinn wie ein senkrechter Pfeil auf unserem Stuhl sitzen. Das Credo und Kommando lautete: „Schnabel hoch!". An manchen Tagen taten mir vor lauter Anstrengung einfach alle Muskeln weh.

Außerdem mussten wir unsere Ernährung komplett umstellen und es gab für vier Wochen einfach nur Kartoffeln und Karotten. Morgens, mittags und abends. Erst nach diesen Wochen durften wir entsprechend unserer Bluttestergebnisse wieder andere Nahrungsmittel dazunehmen.

Seit dieser Zeit gab es in meinem Leben nie mehr Zusatzstoffe, Farbstoffe oder Geschmacksverstärker. Ich hätte Restauranttesterin werden können. Wenn ich etwas aß, das ich nicht vertragen habe, ist mein Schmerzlevel sofort wieder angestiegen. Bereits damals habe ich gelernt, dass es einen komplexen Zusammenhang gibt zwischen chronischen Schmerzen, Histamin, Nahrungsmittelunverträglichkeiten und Zusatzstoffen. Durch die vielen Medikamente war mein Darm so geschädigt, dass ich kaum noch etwas essen konnte.

Nach elf Wochen Klinik, gestärkt mit vielen Vitaminen und Mineralstoffen, konnte ich ganz langsam wieder zurückkehren in meinen Alltag und meinen Job. Es dauerte allerdings Jahre, bis ich wieder ein einigermaßen normales Leben führen konnte.

Der Motor meines kleinen roten R4 brummte wieder. Der Schmerz saß jedoch weiterhin auf meinem Beifahrersitz. Ich fuhr mit offenen Fenstern (es sind übrigens Schiebefenster) und vielen neuen Fragen und Visionen im Handgepäck in meinen neuen Lebensabschnitt.

Erfüllte Zwischenzeit

Der beste Ehemann der Welt

Zum Glück schenkten mir das Leben und mein R4 immer wieder Pausen zum Aufatmen. Als ich mich einigermaßen erholt und wieder auf den Beinen war, hat mich Franz zu einem kleinen Wochenend-trip nach Hamburg eingeladen und eine Überraschung für mich geplant. Er entführte mich in ein Fotostudio! Er hatte heimlich Kleidungsstücke von mir eingepackt und so posierten wir über mehrere Stunden vor der Kamera. Immer wieder wurde ich neu gestylt und gerichtet, bis mir schließlich vom vielen Umziehen und all den anstrengenden Posen alles weh getan hat.

Für die letzte Fotoeinstellung bin ich kaum noch fit genug, aber plötzlich geschieht etwas, das mich völlig überrascht. Die Foto-grafin verschwindet kurzzeitig und kommt dann zurück. Sie trägt still und diskret einen riesigen Strauß roter Rosen ins Stu-dio und stellt ihn in einer Vase vor mich hin. Im ersten Moment finde ich das ein wenig kitschig, doch mir bleibt keine Zeit, weiter darüber nachzudenken, denn ganz

*unerwartet kniet Franz vor mir und schaut
zu mir auf. Die Kamera knipst ununterbro-
chen, während er mich leise fragt, ob ich
seine Frau werden möchte. Tränen überflu-
ten mich und strömen unaufhaltsam aus
meinen Augen. Die Überraschung knistert
wie eine Explosion durch meinen Körper.
Meine Seele ist überglücklich.*

Klar, wollte ich seine Frau werden, aber ich hatte
niemals wirklich damit gerechnet. Erst allmählich
habe ich wahrgenommen, dass alle im Studio mit
uns geweint haben in diesem berührenden Moment. Es ist immer noch ein großes Geschenk für
mich, diese tiefen Gefühle in Bildern festgehalten
zu wissen. Inzwischen sind Franz und ich siebzehn
Jahre verheiratet und es fühlt sich so an, als wäre
es ein Jahr, gestern und schon ewig.

Da wir für den Kurztrip mit dem Flieger unterwegs
waren, bestand ich auf der Rückreise darauf, den
langen großen Rosenstrauß mit ins Flugzeug zu
nehmen (er war beinahe so lang wie drei Sitze
nebeneinander). Die Dame am Check-In meinte
mit feuchten Augen: „Den würde ich auch nehmen." Als wir dann in der Luft waren, fühlte ich
mich zwischen den Wolken doppelt im Himmel.

Die schöne und die schwere Zeit hatte uns so sehr zusammengeschweißt, dass es gar keine Frage war, die Perlenkette gemeinsam weiterzufädeln. Unsere Perle hat die Farben des Regenbogens, und es gibt viele ganz besondere Leuchteffekte.

Eine Heilerin sagte später einmal zu mir, mein Mann besitze eine unglaubliche Stärke und innere Größe, wenn er diesen Weg mit mir gemeinsam geht. Ja, diese Kraft hat er tatsächlich, und dafür bin ich ihm unendlich dankbar.

Und das war erst der Anfang unserer Beziehung.

***

Voller Vorfreude und Glück planten wir also unsere anstehende Hochzeit. Der Termin sollte schon in sechs Monaten sein und so mussten wir richtig Gas geben.

Franz spielte zu dieser Zeit Theater. Ich liebte Wildkräuter, das Mittelalter, Mystiker und Hildegard von Bingen. Ich wollte unbedingt barfuß im Gras zwischen meinen geliebten Kräutern und

Blumen stehen, wenn wir heiraten. Wir erinnern uns beide nicht mehr daran, wie diese Idee abschließend entstanden ist. Auf jeden Fall einigten wir uns darauf, mittelalterlich im Garten von Franz` Familie zu heiraten.

Es gab so viele Menschen, die uns wichtig waren, daher sollte es ein großes Fest werden. Unsere Gäste hatten die Wahl, im entsprechend historischen Outfit zu erscheinen oder nicht. Unsere innere Anspannung wuchs, und bald spürte ich in unserem kleinen Ort geheime Aktivitäten. Die einen kauften Stoffe, die anderen liehen Kleider im Kostümverleih aus. Mit vielen Helfern bauten wir im Garten ein Zelt und einen Zeremonie-Platz auf, während meine Schwiegermama alle Helfer tatkräftig bekochte. Meine Schwägerin und ihr Mann arrangierten für uns einen A Cappella-Auftritt unserer Lieblingsband „FAB 4" als Hochzeitsgeschenk. Für die Speisekarte wählten wir rustikales Spanferkel über dem offenen Feuer.

Mein naher Freund Jörg übernahm unsere Trauungszeremonie. Manche sprechen uns noch heute darauf an, was für ein toller Pfarrer das war, was uns immer ein Schmunzeln entlockt. Jörg ist nämlich kein Pfarrer. Er ist mein lieber schwuler

Freund, der sein Leben lang als Offizier gedient hat. Wir haben uns beim Meditieren im Kloster kennengelernt und waren damals sogar ein wenig ineinander verliebt. Auf jeden Fall teilen wir bis heute eine herzliche Freundschaft sowie eine innige Beziehung zu Gott und zur Spiritualität. Mir war sofort klar, dass Jörg uns bei diesem heiligen Ritual begleiten würde.

Am 6.6.2006 genossen wir es, mit Brautkleid und Hochzeitsanzug alleine zum Standesamt zu laufen. Es war schön, so ganz ohne Brautauto und Schritt für Schritt buchstäblich mit der Erde verbunden in diesen neuen Lebensabschnitt zu gehen.

Vier Tage später feierten wir unser Mittelalterhochzeitsspektakel. Ich erlebte dieses Fest wie in einem Rausch. Die Nächte davor habe ich immerzu von unserer Hochzeit geträumt, und da es Anfang Juni im Schwarzwald oft noch schneite, träumte ich sogar davon, mit meinen roten Schuhen im weißen Schnee zu stehen beim „Ja"-Sagen.

Beinahe alle 130 Gäste sind unserer Einladung gefolgt und kamen mittelalterlich gekleidet. Es gab Mönche und Nonnen, Mägde und Gutsherren und sogar eine mittelalterliche Buche. Die einen hatten

Kleider genäht, die anderen Sandarmbanduhren gebastelt. Alle kamen mit tollen Ideen und bunten leuchtenden Gewändern. Es war der erste warme Sonnentag seit Monaten. Ein ausgelassenes Völkchen an Menschen tummelte sich im Garten, das Spanferkel hing über dem Grill, ein Feuer brannte und überall standen bunte Wiesenblumensträuße auf den Tischen. Wir hatten einen Holzbalken aufgebaut, auf dem man sich sitzend mit Strohsäcken „verprügeln" konnte und bald darauf saßen die ersten strahlenden und tobenden Kinder auf dem Balken. Später haben sich meine beiden Ex-Partner lachend die Säcke um die Ohren geschlagen. In der Nacht gab es einen Feuertanz und tolle Gitarrenmusik am offenen Feuer. Es war eine sehr ungewöhnliche Hochzeit.

Die Trauungszeremonie ist gekommen, der magische Höhepunkt für mich. Ich stehe mit meinem Brautstrauß aus Margeriten barfuß auf der Wiese. Es sind meine Lieblingsblumen und ich freue mich, dass gerade ihre Blütezeit ist. Neben uns prasselt das Feuer, ich sehe, wie unsere Freunde und Familien auf kleinen Holzstücken Wünsche für uns verbrennen.

Überall uns herum stehen die Menschen, die wir lieben. Ich fühle in meinem Herzen den tiefen Wunsch, Franz vor allen diesen Menschen für seine unendliche Liebe zu danken. Mir ist so klar wie nie zuvor: Ohne seine tiefe Liebe, sein Dasein, seine Kraft und seine Ermutigung hätte ich aufgegeben und wäre schon längst nicht mehr da. Ich schaue Franz in die Augen und lasse ihn all das wissen – so, dass es alle deutlich hören: „Danke, ohne dich wäre ich nicht mehr!"

Vermutlich gab es niemanden, der nicht mit uns geweint hat. Dieser Gänsehaut-Moment ist bis heute ganz tief in uns verwoben und bildet ein ganz besonders leuchtenden farbigen Kristallpunkt auf unserer gemeinsamen Lebens-Perle.

***

Drei Tage später, als alles wieder aufgeräumt war, ging es dann ab in die Flitterwochen. Inzwischen waren wir auf einen blauen VW-Bus umgestiegen, mit dem wir in die Toskana gefahren sind. Als wir in Florenz vor dem Dom bei gefühlten vierzig Grad in der Besucherschlange standen, haben wir uns müde angeschaut und uns gefragt, ob wir das gerade wirklich wollen? Lachend haben wir uns aus der Menge gestohlen, sind in unseren Bus gestiegen, an den nächsten See gefahren und dort in einen nahezu komatösen und erholsamen Schlaf gefallen.

Neue Welten

Ich war so dankbar für das Wunder des Lebens. Alles fühlte sich so an wie der Blick durch eine neue Brille, wenn man plötzlich wieder scharf sehen kann und erkennt, was vorher verborgen war. Nach der Erfahrung in der Schmerzklinik machte ich mich auf die Suche nach einer Heilpraktikerin und landete bei meiner späteren Lehrerin Anne. Ich entdeckte die Naturheilkunde für mich und rutschte in den Sog der psycho-spirituellen Arbeit.

Ich wurde mit Kräutern, Nosoden, Orthemolekularmedizin, Akupunktur und Homöopathie behandelt. Ich entsäuerte, entgiftete, machte Ausleitungen, „tankte" energetisch auf und stellte meine

Ernährung komplett um. Da Anne ganzheitlich behandelte, lernte ich die Welt von EFT kennen, eine manuell-mental-Methode, bei der man bestimmte Punkte am Körper, genauer gesagt auf den Meridianen, „beklopft". Ich klopfte mich also durch meinen Schmerz und arbeitete mich stundenlang mit Klinghardts Psychokinesiologie durch irgendwelche Konflikte aus diesem und meinem letzten Leben. Ich verschlang alle Bücher von Rüdiger Dahlke, Luise Hay & Co. Ich kam auch mit der Psychosomatik in Kontakt.

Ich entdeckte das geführte und intuitive Malen, die Familienaufstellung und meditierte weiter durch meine Schattenseiten und innere Konflikte. Die Kämpferin in mir entdeckte den Schwertkampf im Zen und die Boxtherapie. Bei letzterer Praxis prügelte ich meine ganze innere Wut und Trauer an einem armen wehrlosen Boxsack heraus. Ich nahm an einer Musik- und Atemtherapie teil, tanzte und trommelte mich durch meine Emotionen und den Schmerz.

Irgendwann entdeckte ich die Hypnose und dann auch die Kraft der geistigen Heilerinnen und Schamanen. Mal war ich bei einer Bäuerin in einem kleinen Schweizer Bergdorf, die mir in

ihren gelben Gummistiefeln zwischen vielen En-
gelbildern mit Handauflagen wieder Kraft einhauchte und innere Wärme brachte. Dann war ich
gemeinsam mit Franz bei einem Heiler in einer
Schweizer Reihenhaus-Siedlung, der mir mit irgendwelchen Stäbchen (Ohrkerzen?) regelrecht
schwarze Brühe aus meinem Kopf holte. Es tropfte
wirklich irgendeine schwarze Flüssigkeit über
mein Gesicht und ich weiß bis heute nicht, woher
die kam und wie das funktioniert hat.

Ich könnte noch eine ganze Reihe weiterer Therapien und Methoden und Rituale anführen, und natürlich war ich auch bei vielen Ärzten und probier-
te immer neue Testvariationen, wie Bluttest, Vega-
test, Bioresonanztest, Globaldiagnostik … aus und
folgte immer neuen Therapierichtungen.

Über die Jahre ging es mir tatsächlich immer besser,
ich hatte mehr Kraft, aber ich wurde nie mehr die
Alte – und der Kopfschmerz blieb. Vierundzwanzig
Stunden. Dreihundertfünfundsechzig Tage. Jahr für
Jahr. Ich hatte mir neue Welten und Sichtweisen
erschlossen, aber dabei ist auch noch etwas anderes
passiert. Mein Unterbewusstsein hatte einen neuen
Glaubenssatz gebildet: ICH bin schuld, dass ich
noch nicht gesund bin! Es musste noch irgendeinen

ungelösten Konflikt in meinem Leben geben, den ich noch nicht aufgelöst hatte. Anders ließ sich mein „Versagen" beim Gesundwerden wohl nicht erklären. Und da war nicht nur das Gefühl einer Selbstschuld, sondern sogar Scham. Ja, ich schämte mich dafür, dass ich krank war und die Schmerzen nicht hatte besiegen können.

Mein innerer Kampf wollte einfach nicht enden.

Anne hatte eine kleine Heilpraktikerschule im Nachbarort und Franz ermutigte mich dazu, bei ihr eine Ausbildung zur Heilpraktikerin zu machen. Und so habe ich mit über vierzig einen beruflichen Neubeginn gewagt. Ich reduzierte meinen Job bei der Jugendberufshilfe auf fünfzig Prozent und saugte die Inhalte meiner neuen Ausbildung gierig in mich auf. Namen und Aufbau von Knochen, Muskeln, Sehnen und Gefäßen. Organe und deren Krankheiten. Hormonhaushalt. Nervensystem. Die herrliche Detektivarbeit von Differentialdiagnosen pumpte neues Adrenalin in meinen Körper. Ich brütete über meinen Büchern, büffelte und paukte mehr als drei Jahre lang fast jeden Tag den neuen Stoff in mein Gehirn. Ich lernte das Spritzen, das Legen von Infusionen und die Anwendung von Schröpfköpfen und Blutegeln.

Ich habe die Prüfung beim ersten Mal geschafft. Darauf war ich sehr stolz, denn bereits damals sind beinahe neunzig Prozent der Leute durchgefallen. Der Schwierigkeitsgrad der Heilpraktiker-Prüfung ist heute immer noch furchteinflößend.

Anschließend habe ich meine eigene Praxis eröffnet. Das fühlte sich für mich so an, als hätte ich mein „erstes Kind" geboren. Ich liebte es, meine neue Berufung zu leben und selbstständig zu arbeiten. Es lief von Anfang an, ganz ohne mein Zutun. Irgendwie habe ich keine einzige Werbeanzeige schalten „müssen." Meine Praxis füllte sich von ganz alleine. Bis heute ist es eine Freude für mich, Menschen auf ihrem Weg zu begleiten.

Parallel dazu habe ich mich auch als Diplom-Pädagogin noch einmal verändert. Ich hatte Lust, meine Fähigkeiten zu erweitern, auszubauen und neue Erfahrungen zu sammeln. So landete ich im Bereich der sogenannten „Frühen Hilfe" und hatte die Aufgabe, interdisziplinäre Berufsgruppen im Landkreis zusammenzubringen sowie neue Konzepte zu entwickeln und umzusetzen. Der neue Wirkungskreis beflügelte mich regelrecht, zumal ich nun auch offiziellere „Auftritte" hatte, in diversen politischen Gremien, an Universitäten, bei der

Kassenärztlichen Vereinigung oder im Sozialministerium.

Im Ergebnis hat meine lange Krankheit ganz neue Felder für mich eröffnet und mich auf einen Weg geführt, auf dem ich meine Freude, meine ganze Liebe und meine echte Berufung leben konnte.

**

Unser Freundeskreis ist erheblich gewachsen, denn für uns beide kamen die Freunde und Freundinnen des jeweils anderen ja dazu. Und so war auch dieser Teil unseres Lebens eine wahre Fülle. Wir haben viel zusammen unternommen, mal sind wir gemeinsam geradelt oder gewandert, mal haben wir uns in großer Gruppe zum Grillen verabredet. Wir haben gemalt oder bei einem Tee philosophiert.

Mit Franz genoss ich es, neue Länder zu entdecken. Mit unserem Camper Oskar reisten wir zu unseren familiären Wurzeln nach Polen und Rumänien, entdeckten das weit entfernte Albanien und wanderten im wunderschönen Baltikum durch unberührte Moorlandschaften an der weißrussischen Grenze.

Dort gibt es sogar noch Bären und Luchse. Jeden Abend sprangen wir in einen der herrlich kühlen Naturseen. Es gibt dort so viele einsame und abgelegene Dörfer. Sogar im Moor haben wir eine kleine Siedlung mit einer Handvoll Häuser entdeckt. In einem der Gärten stand ein Brunnen mit einer Wasserpumpe und daneben ein Plumpsklo. Dort beobachteten wir eine alte gebückte Frau, die liebevoll ihre Kräuter und Blumen pflegte.

Irgendwo im Nirgendwo am Waldrand lebte eine Frau mit ihren zwei Kindern, bei der wir übernachteten. Sie schenkte uns zum Abschied ein Kilogramm Honig, selbst gebackenes Brot und eine riesige Schüssel mit Erdbeeren. Zum Frühstück gab es herrlich duftende Berge selbstgebackener Pfannkuchen mit selbstgemachter Marmelade. Und in Estland lernten wir Peep kennen, der allein mit seiner Frau auf einem beinahe magischen Grundstück lebte. Wir campten direkt an deren Privatsee, die Schwäne brüteten im Schilf, überall auf dem Gelände waren handgeschnitzte erotische Skulpturen verteilt. Es gab sogar eine eigene kleine Sauna, die abends für uns mit einem knisternden Holzfeuer beheizt wurde. Zur Abkühlung sprangen wir nach den Schwitzgängen direkt in das eiskalte Seewasser und machten Bekanntschaft mit den dort heimischen Blutegeln. Einfach herrlich! Die Heilpraktikerin in mir war glücklich.

In Albanien steckten wir mehrmals in Schafherden fest, beobachteten Menschen beim Pflügen ihrer Äcker (natürlich mit Pferden!) und beim Schlachten und Verkaufen von Fischen und Hasen mitten auf der Straße. Wir mussten gut aufpassen, nicht plötzlich einen Händler umzufahren. Hier, wo die Menschen kaum genug zum Leben hatten, wurden wir fast täglich beschenkt. Mal bekamen wir ein paar Äpfel in die Hand gedrückt, dann wieder ein paar saftige Trauben oder einen Schnaps. Diese Großzügigkeit beschämte uns, denn wir bemerkten hier erst recht, wie „arm" wir Menschen in unserem Wohlstand dagegen sind. Wir fühlten uns mit dem prallen Leben und der ganzen natürlichen Fülle beschenkt und waren dankbar für alles, was uns hier täglich zuteilwurde.

Es machte uns so viel Freude, diese „unbekannten" Länder zu entdecken, die nicht gerade touristisch überlaufen waren. Wir wurden oft gefragt, warum wir überhaupt dort gelandet seien. Die Antwort fiel nie schwer: Es war die Unberührtheit, die uns berührte. Die Stille, die uns beeindruckte genauso wie die unverstellte Offenheit der Menschen.

Out of the box

Schlüsselerlebnisse

Trotz all der schönen Phasen entwickelte mein Körper über die Zeit eine undurchdringliche Eigendynamik. Er machte, was er wollte, suchte sich ständig neue Wirkungsfelder und katapultierte mein Leben irgendwann vollkommen in den Modus „out of the box".

Einmal hatte ich beispielsweise eine Parodontosebehandlung beim Zahnarzt. Danach entzündete sich mein Gehirn erneut und wieder lag ich über mehrere Monate flach – war also bettlägerig. Ein Myom entwickelte sich an meiner Gebärmutter, so groß, dass ein kleiner Ball aus meinem Unterleib ragte, wenn ich auf dem Rücken lag. Das bedeutete eine Totaloperation. Nach dieser Operation hatte ich ein emotionales Schlüsselerlebnis: Die frische Wunde eines großen Bauchschnitts bereitet normalerweise jedem Menschen Schmerzen. Für mich hat sich dieser Schmerz auf einer Skala von Null bis Zehn jedoch lediglich wie eine Eins oder Zwei angefühlt. Es war das erste Mal nach so vielen Jahren, dass ich bewusst wahrgenommen habe, welche Herausforderung – im Vergleich dazu –

meine dauerhaften Nervenschmerzen für meinen Körper wirklich darstellten. An schweren Tagen hatte ich oft Schmerzen zwischen Acht und Zehn. Das war kein Spaziergang!

Die Operation war gerade ein paar Wochen her und ich stand in der Küche am Herd, als plötzlich ein scharfer Schmerz durch meine Wirbelsäule schoss. Ich bin umgekippt wie ein gefällter Baum und lag über Stunden hinweg bewegungslos auf dem kalten Küchenboden. Erst am Abend schaffte ich es krabbelnd bis zum Sofa. Zunächst dachte ich, Sehnen oder Bänder seien bei der Operation verletzt worden. Es konnte auch ein Hexenschuss sein. Physiotherapie, Osteopathie, Orthopädie, MRT, CT. Nichts zu sehen, außer Schulterzucken. Zum Glück habe ich zu diesem Zeitpunkt noch nicht gewusst, dass sich mein R4 ein ganz neues Angriffsfeld gesucht hatte.

Von da an wiederholten sich diese akuten Schübe zwei bis drei Mal pro Jahr. Der nächste Schub kommt an Weihnachten. Dieses Mal beim Anziehen meiner Socken. Zack und aus.

Vierundzwanzig Stunden lang kann ich mich nicht mehr auch nur einen einzigen

Millimeter bewegen. Meine Beine, Füße und Arme spüre ich noch, aber ich bin aus dem Becken heraus komplett bewegungsunfähig und wie gelähmt. Unerträgliche Schmerzen setzen sich im Bereich der Lendenwirbelsäule fest. Ich habe leichtes Fieber und schwitze mein T-Shirt durch. Tiefe Panik flutet meine Venen.

Was passiert da gerade in meinem Körper?

Der notärztliche Dienst kommt, die Ärztin schwört, so etwas noch nie gesehen zu haben. Sie gibt mir eine Spritze und verlässt schulterzuckend die Wohnung.

Die Spritze bleibt ohne Wirkung.

Der Zustand hält weiter unverändert an. Ich kann mich von einer Sekunde auf die andere nicht mehr selbst waschen, nicht mehr selbst anziehen und schaffe es auch nicht mehr aus eigener Kraft auf die Toilette. Für die Notdurft muss Franz mir helfen, was er liebevoll tut. So gut es eben geht, schaffe ich es, in seiner Anwesenheit, in seinen haltenden Armen, im Bett liegend

*Blase und Darm in irgendwelche Gefäße zu
leeren. Es ist auch undenkbar, am Tisch zu
essen. Franz bringt mir, was ich brauche,
doch die Angst frisst mich auf.*

*Was, wenn dieser Zustand nie mehr ver-
geht?*

Es fühlte sich entwürdigend an. Ich habe mich so
geschämt. Bisher war ich zu meinen bettlägerigen
Zeiten noch immer in der Lage gewesen, alleine
auf die Toilette zu gehen und selbstständig zu duschen oder mich zu waschen. Jetzt brauchte ich
von einer Sekunde auf die andere für alles Hilfe.
Ständig musste ich nach Franz rufen. Wie sollte
ich im Liegen trinken oder essen? Franz fand immer einen Weg. Er hat einen Trinkhalm organisiert,
damit ich das Wasser im Liegen aus einem Trink-
glas saugen konnte, ohne mir alles über den Pulli
zu kippen. Er hat mir das Essen in Häppchen serviert, damit ich im Liegen die kleinen Bissen selbst
zum Mund schieben konnte. Er hat mir meine
Zahnbürste ans Bett gebracht und eine Schüssel, in
die ich das Gurgelwasser spuckte.

Nach drei Tagen fühlte ich mich so eklig, dass ich
endlich mal wieder Wasser auf meiner Haut spüren

wollte. Und so zog Franz mich langsam aus und wusch mich.

Nach fünf Tagen konnte ich mit seiner Hilfe zwar wieder bis zur Toilette laufen, aber ich hatte noch nicht die Kraft, mich selbst zu reinigen. Auch das übernahm Franz.

Plötzlich, mitten im Leben, war ich auf die Pflege meines geliebten Partners angewiesen – des Mannes, den ich bis dahin noch voller Hingabe körperlich geliebt hatte. Das hat etwas mit mir gemacht. Das hat etwas verschoben. Plötzlich verrutschte etwas, und das hat mir Angst gemacht. Diese unbenennbare, aber deutlich spürbare Verschiebung hat uns dazu gezwungen, immer wieder neue Schubladen zu öffnen und in unser bisheriges Beziehungs-System zu integrieren. Wir haben diese mit außergewöhnlichen Beschriftungen etikettiert. Letztlich gewöhnten wir uns an die Schübe und wurden im Umgang damit routinierter.

Das Schlimmste daran war mein quälender, innerer Mindfuck. Warum konnten die Ärzte nichts finden? Was war mit mir los? Es fühlte sich an wie ein Infarkt, jedenfalls in meiner Vorstellung von einem Infarkt. Als würde ein inneres „Giftfass" überlaufen. War es vielleicht doch psychosomatisch? Oder genetisch? Wo sollte ich noch suchen, besser: wonach? Welche Ecke hatte ich noch nicht ausgeleuchtet?

Meine Angst steigerte sich proportional zur Häufigkeit der Schübe. Was, wenn das plötzlich irgendwo auf einer Fortbildung passierte? In Stuttgart? Wenn ich in irgendeiner Tagungsstätte liegen würde und keine Chance hätte, wieder nach Hause zu kommen?

**

Es passierte in Bever, mitten im wunderschönen Engadin, in der Ferienwohnung meiner Freundin. Jetzt gab es noch mehr zu lernen und meine Komfortzone musste sofort um ein Vielfaches gedehnt werden. Meine Freundin und ich waren gerade angekommen und steckten mitten in der Planung unserer Ausflüge. Plötzlich schoss wieder dieser blitzartige, heiße Schmerz durch meine Wirbelsäule. Binnen einer Stunde war ich so gut wie bewegungslos. Ich lag auf dem Gästebett, aber dieses Mal hatte ich etwas Glück. Ich schaffte es mit ihrer

Hilfe irgendwie noch, zum Klo zu laufen. Aber sie musste mir dennoch helfen: Hose runterziehen, abwischen, Hose hochziehen.

Nach drei Tagen half sie mir beim Waschen, wie Franz. Auch sie zog vorsichtig meine Kleidung aus, was für mich ein herausfordernder Kraftakt war, denn ich musste mich aufsetzen und die Arme heben. Beides gelang nur mit viel Mühe, Zeit und Geduld – und unter wahnsinnig heftigen Schmerzen. Natürlich gehörten zu der Körperwäsche auch der Intimbereich sowie der Bereich unter den Brüsten dazu. Beides war eine recht intime Angelegenheit und forderte mich innerlich heraus. Sanft hob meine Freundin meine Brüste an und führte achtsam den Waschlappen über die Hautpartie.

Wir lachten später noch lange darüber. Auch für sie war das eine völlig neue Erfahrung. Ein paar Monate später rief sie mich an und erzählte mir, dass sie heimlich daheim weiter geübt habe und nun wisse, wie es künftig besser klappen würde. Wie gut, dass wir unseren Humor nie verlieren.

Nach fünf Tagen stand eine nächste schwierige Frage im Raum: Meine Freundin hatte eigentlich noch ein paar Ferientage mit ihrem Partner geplant. Wie sollte ich jetzt nach Hause kommen? Ich schaffte noch nicht einmal den Weg durchs Treppenhaus auf die Straße. Wir waren mit unserem Zweitauto, einem Mini, ins Engadin gereist. Jetzt konnte ich nicht mehr alleine Auto fahren. Ich wäre auch niemals auf den Rücksitz des Minis gekommen, um dort zu liegen, falls Franz mich abgeholt hätte. Ich hätte ja noch nicht einmal auf das Bett von Oskar kriechen können. Es gab also keine Optionen. Was konnte ich tun?

Das Prozedere war in der Schweiz nicht leichter als in Deutschland. Franz hatte irgendwann die Idee, ich könne einen Krankentransport über den ADAC anfragen. Diese Lösung funktionierte tatsächlich, der einzige Haken an der Geschichte war, dass der ADAC ein ärztliches Gutachten für den Rücktransport benötigte. Ich telefonierte mehrere Ärzte im Engadin ab, aber keiner war zu einem Hausbesuch bereit. Ich solle in die nahegelegene Klinik kommen. Da ich nicht einmal annähernd die Treppen aus der Wohnung geschafft hätte, geschweige denn in ein Auto hätte einsteigen können, bat ich um einen Krankentransport in die Klinik. Die Klinik lehnte ab. Ohne Schlaganfall oder Herzinfarkt wäre nicht daran zu denken …

So brüteten wir weitere Alternativen aus, bis sich dann endlich, nach sieben Tagen, die Ärztin des ADAC auf eine Ausnahme einließ und genehmigte, dass mich das Weiße Kreuz aus Südtirol über den Julier- und Albulapass zurück nach Hause brachte. Drei Menschen trugen mich auf der Liege die Treppe hinunter und verfrachteten mich im Transportwagen. Im Liegen betrachtete ich den Albulapass, zumindest das, was davon über dem abgeklebten Fenster sichtbar war – ein herrliches Bergpanorama.

***

Die Erfahrung in Bever war ein weiteres Schlüsselerlebnis in meinem Leben. Oder ein weiteres Trauma? Mein Angstlevel stieg gnadenlos noch weiter an und saß mir inzwischen permanent im Nacken. Was, wenn mir das nun tatsächlich immer öfter passierte und ich gerade alleine unterwegs wäre? Abends beim Tanzen in der Schweiz? Oder im Kloster beim Meditieren? Mein Mantra „Was kann ich tun, damit ich endlich wieder gesund werde?" brannte sich wie eine tiefe Rille in eine Schallplatte ein, die dauernd lief. Sollte ich es dabei belassen oder eine neue Formulierung suchen?

Irgendwann hatte ich die Idee, meine Krankenkasse um Rat zu fragen und bekam die Empfehlung, einen Antrag auf „Pflegegrad" zu stellen. Gesagt, getan. Als die Dame des Medizinischen Dienstes zur Begutachtung kam, ging es mir gerade sehr gut und ich konnte ihr lediglich meine Problematik schildern. Natürlich war mein Krankheitsbild „out oft the box" und passte in keine Schublade. Während der Schübe war ich in etwa „Pflegegrad 5" und dazwischen wieder arbeitsfähig. Diese Variante gab es natürlich von bürokratischer Seite her nicht und die Dame vom MDK musste ihre Rechtsabteilung einschalten.

Fazit: Ich sollte künftig bei einem Schub für maximal drei Wochen pflegerische Hilfe bekommen. Da die Caritas maximal zwei bis drei Mal am Tag kommen könnte, sollte ich mir jedoch für den nächsten Schub vorsorglich Windeln im Sanitätshaus kaufen.

Ich war gerade einmal 48 Jahre alt und sollte im Sanitätshaus nach Windeln fragen? Auch dieser Moment war unglaublich schambesetzt für mich. Als mich die nette Beraterin fragte, für wen die Windeln denn wären, versuchte ich voller Würde und innerlich aufrecht zu sagen: „Für mich!" Als sich mir im Verkaufsraum reflexartig alle Blicke zuwendeten, war es jedoch aus mit meiner Contenance. Ich weinte leise vor mich hin. Mit einer Packung Windeln unter dem Arm verließ ich das Sanitätshaus, zog mir daheim in aller Stille eine Windel an, testete ihre Dichtigkeit und versuchte auch diese Hürde anzunehmen.

Ist es die Angst, die meine Krankheit immer weiter fortschreiten lässt? Die Vorstellung, ich verursache das selber, macht mich ganz verrückt. Als würde ich mit jeder gedanklichen Bewegung ein Stück Leben wie ein Glas umschmeißen und zerstören. Das kann doch nicht sein! Stimmt es denn wirklich, dass Angst automatisch noch mehr Angst anzieht? Wenn das wahr ist, wer hat so etwas Grausames erfunden? Oder bin ich jetzt ungerecht? Ich weiß keine klare Antwort darauf. Meine Therapeutin meint, es wäre nur allzu menschlich, verzweifelt und ängstlich zu sein, solche Gefühle hätten doch alle in meiner Situation.

Schön und gut. Aber dieses andauernde „Warum", dieses unerlässliche, ja unerbittliche Suchen-Müssen nach Antworten

macht mich so mürbe. Ich fühle mich regel-
recht ausgelaugt. Meine Konzentration ist
unermüdlich auf die Frage gerichtet, wie
ich endlich wieder gesund werden kann.
Das ist mein Fokus. Aber damit verbunden
sind auch die Gefühle von Unzulänglich-
keit, Schuld und Scham ...

Wohin führt das Fragen, das Suchen, das
Leiden, der Stress ...?

Der Zusammenbruch

Das Leben und mein R4 zwangen mich noch nackter (kann man eigentlich mehr als nackt sein?) und
noch ungeschminkter in meine inneren Schatten-
welten. Mir blieb nichts anderes übrig.

Schon oft hatte ich beim Universum meine „Be-
stellungen" abgegeben.

Es war die Zeit der Wechseljahre und ich spürte,
dass etwas Neues geboren werden wollte. Aber
was? Mit beinahe fünfzig Lebensjahren hatte ich
schon so vieles erlebt und erfahren. In vielen Le-

bensbereichen fühlte ich mich satt und erfüllt – eine große Liebe, eine großartige Heimat, Essen gehen, Reisen, berufliche Höhepunkte, spirituelle Erfahrungen, tolle Freunde, Aus- und Weiterbildungen … Irgendwann war alles schon da, sogar trotz meiner Erkrankung.

War das alles?

Irgendwann wurde mir bewusst, was ich suchte. Obwohl mein Leben schon immer Tiefe hatte, spürte ich, dass es noch mehr zu entdecken gab. Ich merkte, dass ich mir wünschte, noch mehr das reine Sein zu fühlen. Einfach sein – das schien das Schwierigste. Und so schickte ich meinen Wunsch „nach oben" ab: Ich bestellte noch mehr innere Tiefe.

Das ewige Tun, Handeln und vor allem auch das rund um die Uhr Denken sehnte sich nach einer Pause. Oder nach einer Ergänzung? Es fühlte sich so an, als ob etwas ganz bestimmtes Neues diese Seite in mir ausgleichen, in Balance bringen oder ergänzen müsse. Die Frage nach mehr innerer Tiefe hat mich sehr umtrieben. Was bedeutete das überhaupt? Und wie könnte ich den Zugang dazu finden, gab es da einen speziellen Eingang? Wenn ich damals gewusst hätte, wie das Leben meinen Bestellauftrag erledigen würde, hätte ich sofort „umbestellt".

Oder doch nicht?

Rückblickend habe ich in den letzten Jahren unendlich viel Tiefe erfahren. Da gab es an vielen Tagen nur noch den Grund tief am Boden, ganz weit unten. Und in vielen Momenten nur noch das pure Sein.

Es war eine Zeit, in der mein R4 für seine Verhältnisse gerade recht stabil vor sich hin schnurrte. Ich hatte schon über ein Jahr keinen Schub mehr. Aber emotional war es oft stressig, und bei einem Waldspaziergang fing ich mir erneut eine Zecke ein. Ich entfernte sie und war mir sicher, es würde nichts passieren. Zwei Wochen später lag der letzte Tag in meinem bisherigen Leben hinter mir, an dem ich ganz auf sein konnte, ohne mich immer wieder hinlegen zu müssen. Am Morgen danach …

… es war ein Mittwoch. Der 8.8.2018.

Dieses Datum werde ich wohl nie vergessen. Bereits beim Duschen merkte ich, dass ich kaum noch nach unten schauen konnte. So begannen immer meine rezidivierenden Hirnhautentzündungen. Ich fühlte mich schlapp. Schnell verdrängte ich diese Wahrnehmung (manchmal half das tatsächlich, wahrscheinlich aber nur dann, wenn ich mir vor Angst eine Schwäche einbildete) und ging zur Arbeit. Nach einer Stunde auf meinem Bürostuhl merkte ich, wie die Lähmung langsam durch die Wirbelsäule kroch. Ich lief noch etwas im Gang auf und ab und wusste, dass ich jetzt schnell nach Hause musste, sonst würde ich den Weg nicht mehr schaffen. Zum Glück hatte Franz seinen Homeoffice-Tag und konnte mich abholen. Er fuhr mich sofort nach Hause und ich erreichte gerade noch so unser Sofa.

Und aus.

Es wurde nie mehr, wie es war.

Meine neue Hausärztin kannte meine Krankheitsgeschichte natürlich schon. Nach dreißig Minuten stand die Sprechstundenhilfe vor meinem Sofa und legte mir eine Infusion hochdosiertes Kortison. An den nächsten beiden Tagen kam sie wieder und jagte mir zwei weitere Portionen davon – zusammen mit hohen Dosen Vitamin C – direkt in meine

Vene. Die Ärztin selbst hat es sich nicht nehmen lassen, fünf Tage lang an mein Bett zu kommen und mich durch den Prozess zu begleiten.

Am dritten Tag konnte ich wieder aufstehen.

Am fünften Tag dachte ich, dass alles vorbei und überstanden sei.

Meine Ärztin ist übrigens die weltbeste Ärztin für mich. Sie ist Schulmedizinerin *und* Naturheilkundlerin. Sie ist unendlich empathisch, menschlich und einfühlsam. Sie sprüht aus jeder Pore ihres Seins Kraft, Licht und Lebensfreude aus. Als ich ihr bei unserer ersten Begegnung von meiner Geschichte erzählt habe, ist sie davon ausgegangen, dass vermutlich nach meiner früheren postinfektiösen Gehirn- und Gehirnhautentzündung ein entzündlicher Herd hinter meinem rechten Auge zurückgeblieben sei. Wow, ich konnte es nicht fassen! Nach beinahe zwanzig Jahren und einer mittlerweile Unzahl von Beschreibungsversuchen meiner Erkrankung hatte sie sofort die für mich stimmigen Zusammenhänge erkannt. Genau so fühlte ich es auch. (Tatsächlich ist der Streptokokken-Wert in meinem Blut permanent erhöht – ein diagnostischer Hinweis auf eine Herdbelastung im Körper.)

Nach acht Tagen auf dem Sofa kündigte ich bei meiner Arbeitsstelle an, dass ich bald wiederkommen würde. Aber dann passierte etwas in meinem Kopf, das es bisher noch nie gegeben hat. Ein neues Angriffsfeld. Ich machte mich bereit, eine neue Schublade zu öffnen …

Ein heftiger Schwindel erfasste mich. Es fühlte sich so an, als ob sich hinter meinem Auge Flüssigkeit ansammelte und sich erneut eine Entzündung in meinem Gehirn ausbreitete. Leider war meine Ärztin gerade in den Urlaub gefahren. Wir hatten uns kurz zuvor noch voller Zuversicht voneinander verabschiedet.

Ich hatte großen Respekt vor einem Klinikaufenthalt, wegen all der fast unvermeidlichen medikamentösen Behandlungen, die dann wieder automatisch gestartet würden. Besonders machte mir der Gedanke zu schaffen, es könne eventuell eine Liquorpunktion angeordnet werden.

Nach weiteren zwei Tagen war ich nicht mehr in der Lage aufzustehen oder auch nur mit meinen Augen nach rechts zu schauen. Ich konnte nicht mehr lesen, keine WhatsApp mehr schreiben, nichts. In meinem Körper herrschte schon wieder Kampf und

Krieg. Ich war fiebrig, nass geschwitzt und voller Panik. So hatte es sich noch nie angefühlt. Wieder eine völlig neue Symptomvariante. Mein Kopf wollte nicht mehr. Er hat den dicken roten Not-Aus-Knopf gedrückt. Ich hatte null Kontrolle darüber.

Die Odyssee ging also weiter.

Meine Heilpraktiker-Kollegin kam anstelle meiner Ärztin täglich, um mich zu spritzen und mir Infusionen zu geben. Im Blutbild zeigte sich, dass das Virus wieder mal zur Höchstform aufgelaufen war. Scheinbar schaukelten sich der Zeckenbiss und das Virus gemeinsam in einem tiefen Einvernehmen in immer weitere Höhen ihres „Könnens". Ich erinnerte mich daran, einmal gelesen zu haben, dass Tierbisse und Virenbefall in der traditionellen chinesischen Medizin wie ein Erdbeben, ein Wirbelsturm und ein Tsunami zusammengenommen gedeutet werden. Genauso fühlte es sich in mir an – wie all das auf einmal und gleichzeitig.

Franz war in dieser Zeit ein paar Tage auf Geschäftsreise und ich musste beinahe jede Nacht Freunde oder Familie anrufen, da ich nicht mehr allein sein konnte. Der gepackte Koffer für einen Klinikaufenthalt stand für alle Notfälle im Flur.

Ich lag da und überließ mich erneut dem inneren Toben.

Wieder so eine Nacht! Wieder so ein Traum! Immerzu ist Krieg, während ich schlafe. Bomben fallen krachend auf unser Haus, mein Herz pocht bis zum Hals und ich überlege fiebernd, wie ich fliehen könnte. Wohin? Wohin bloß? Ich muss aus diesem Lärm raus ... nur weg hier! Ich schaffte es gerade so, vor dem Einschlag der nächsten Bombe, die mich garantiert voll treffen wird, schweißgebadet aufzuwachen.

Wieder so eine Nacht! Wieder so ein Traum! Eine Bombe und ein Erdbeben bringen gleichzeitig das Haus zum Einstürzen. In Sekunden liegt alles in Schutt und Asche, deshalb muss ich mich auf der Stelle in Sicherheit bringen. Mit letzter Kraft krieche ich durch eine Tür, die von einem stabilen Türsturz bis zum letzten Augenblick gehalten wird. Ich schaffte es gerade noch ins Freie und falle in die Arme von Franz, der auf einer grünen Wiese im Sonnenschein auf mich wartet ...

In dieser Zeit habe ich meinem Vater von meinen Kriegsträumen erzählt und er wurde ganz still. Er sagte, seine Mutter habe diese Träume ein Leben lang gehabt. Jetzt wurde es still in mir. Das wusste ich nicht. Darüber haben wir nie gesprochen. In diesem Moment habe ich begriffen, dass das Leben meiner Großeltern, väterlicherseits und mütterlicherseits, von traumatischen Kriegserinnerungen geprägt war. Für sie war es nie richtig vorbei gewesen. Das zu erkennen, hat mich tief berührt, interessanterweise hatte ich nach diesem Gespräch keinen einzigen bewussten Kriegstraum mehr, obwohl mein Zustand insgesamt noch viel schlimmer wurde.

Und wieder habe mir die Frage gestellt, ob ich nicht doch unter den Auswirkungen einer transgenerationalen Traumatisierung litt. Die Kriegsträume, die Flucht, der Abtransport all meiner Familienmitglieder im abgesperrten Viehwaggon, meine gelähmte Uroma, die auf einem Viehkarren durch die Länder gezogen wurde. Konnte es sein, dass all die traumatischen familiären Ereignisse tatsächlich einen genetischen Fingerabdruck hinterlassen haben – auf mir?

Ich hatte gefühlt keine Wahl, ich musste der Frage von Karma und Dharma noch einmal viel tiefer nachzuspüren und mir die familiäre Perlenkette noch einmal genauer anschauen.

***

Nach zwölf Wochen auf dem Sofa ging es mir langsam besser. Es war jedes Mal ein großer, feierlicher Moment, wieder in den Alltag zurückkehren zu können. Es erleichterte, erlöste und beflügelte mich, es machte mich glücklich und dankbar. Ich freute mich auf meine Arbeit, meine Projekte und die tollen Menschen. Schnell zeigte sich aber, dass noch nicht einmal ein halber Tag Arbeit realistisch war. Ich baute Überstunden und Urlaub ab und hoffte, die Zeit würde zu meinem Mitspieler werden. Aber das wurde sie nicht.

Innerlich zerrte ich nur noch energisch und ungehalten an mir herum. Ein Dauerstress-Modus stellte sich ein, ich setzte mich selbst unter Druck: Ich war doch schließlich Heilpraktikerin! Ausgerechnet ich musste doch wohl eine Lösung finden! Was passierte denn da in meinem Körper? Und vor allem, warum hörte es nicht auf? Das konnte doch alles nicht wahr sein!

Es war die glatte Wahrheit.

Das Gefühl von Ohnmacht richtete sich dauerhaft in meinem Körper ein, suchte sich einen bequemen Ohrensessel mitten in meinem inneren Wohnzimmer und hatte lange gar nicht vor, wieder auszuziehen. Wir mussten (!) Freunde werden. Eine Zwangsfreundschaft. Ich wollte sie nicht.

Weihnachten näherte sich und damit mein 50. Geburtstag. Ich hoffte, die kommenden zwei Wochen Urlaub würden mir wieder mehr Kraft bescheren. An meinem letzten Arbeitstag bat ich Franz, mich ins Büro zu begleiten. Ich wollte noch etwas Ordnung vor den Feiertagen schaffen und war leider nicht mehr in der Lage, die schweren Ordner aus dem Regal zu heben. So half mir Franz dabei. Als alles aufgeräumt war und wir mein Büro verlassen haben, drehte ich mich für einen letzten winzigen Augenblick noch einmal um, dabei huschte die Frage durch mein Unterbewusstsein, wann ich wohl wieder auf meinem Bürostuhl sitzen würde.

Zu meinem Geburtstag hatten wir ein Zimmer in einem kleinen Wellnesshotel im Allgäu gebucht, wenn auch klar war, dass ich den Aufenthalt fast nur im Liegen verbringen würde. Es waren fünf

Monate seit dem letzten Schub vergangen und ich war nicht mehr in der Lage, die Autofahrt von drei Stunden am Stück zu bewältigen. (Heute wäre ich froh, wenn es überhaupt noch ginge, egal mit wie vielen Pausen.) Wir stoppten unterwegs bei unseren Freunden am Bodensee. Ich wurde mit leckerem Essen und einem Sofa verwöhnt.

Anfang Januar versuchte ich einen erneuten Start zurück in meine Arbeit. Bereits nach zwei Stunden war klar, dass dies nicht ansatzweise klappen würde. Meine Schwägerin holte mich ab, ich stieg weinend in ihr Auto. Das war das letzte Mal, dass ich mein Büro und meinen Arbeitsplatz sah. Zum Glück wusste ich das zu diesem Zeitpunkt noch nicht.

Ab sofort wurde neben der Wärmeflasche die Couch zu meiner besten Freundin. Mein Leben fühlte sich wie ein erbarmungsloser, abgrundtiefer Schrei der Verzweiflung an. Ich war angespannt wie ein Bogen kurz vor dem Abschuss eines Pfeils. Nur fehlte mir der Pfeil, der mich ins Ziel führte. Die Schmerzen quälten mich Tag und Nacht. Mein Kopf, mein Becken, meine Wirbelsäule und irgendwann mein ganzer Körper waren gefühlt ein einziger roter entzündeter Brei.

Natürlich suchte ich wieder Hilfe und Unterstützung bei Ärzt:innen, Heilpraktiker:innen, Schmerztherapeut:innen und in Kliniken. Irgendwann ließ ich mich wieder auf eine schulmedizinische Schmerztherapie ein: Antiepileptika gegen die neuropathischen Schmerzen; Antidepressiva für den Serotoninhaushalt und gegen die Schmerzempfindlichkeit. Morphine, Opioide und schließlich medizinischer Hanf. Ich hatte solche Schmerzschübe, dass ich morgens um sieben nicht wusste, wie ich den Tag überleben sollte. Zudem verlor ich immer mehr Gewicht. Irgendwann schlotterten meine Kleider nur noch an meinem Körper und Franz flehte mich an, zu essen.

Mein Leben ist jetzt auf allen Ebenen out of the box. Es gibt nichts mehr, das sich auch nur annähernd wenigstens in der Nähe irgendeiner Komfortzone abspielt. Alle Kausalitäten sind wie über Nacht verschwunden, es fühlt sich jedenfalls so an wie über Nacht, auch wenn sich der in großen Bögen abwärtsdrehende Verlauf dieser mysteriösen Erkrankung nun schon so viele Jahre hinzieht. Im Grunde gibt es schon kaum noch eine Erinnerung daran, dass es einmal anders gewesen ist. Der Schmerz hat sie einfach verschluckt. Er saugt mir die letzte Lebensenergie aus meinen Zellen und löscht auch die schönen Bilder im Kopf.

Mein Körper ist eine ausgezehrte Hülle.

Meine Seele ist vertrocknet und leer. Vielleicht ist sie längst an einen schöneren Ort gezogen, keine Ahnung ... Ich sehne mich nach dem erlösenden Tod. Der Tod ist mein neuer Freund.

Ich gebe auf.

Immer wieder habe ich meinen inneren und äußeren Erfahrungsschatz abgesucht, doch die Leinwand ist leer geblieben, das Echo stumm. Irgendwann konnte ich nicht mehr lesen, keinen Podcast mehr hören, die Wohnung nicht mehr verlassen. Der Schmerz hatte das Zepter übernommen. Er bestimmte ab sofort das wenige, was von meinem Leben noch übrig war. Ich war noch da, aber nicht mehr wirklich da.

Das neue Dazwischen

Bücher haben meinen Alltag schon immer geprägt. Ich bin immer wissbegierig gewesen und habe begeistert neue theoretische Ansätze, Ideen und Impulse aus unterschiedlichen Bereichen aufgesaugt. Ich wollte an allem immer wachsen. Jetzt fühlte es sich so an, als hätte auch der Rausch der Selbsterkenntnis seine Halbwertszeit überschritten.

Nichts passte mehr zu mir und ich passte zu nichts mehr.

Nirgendwo fand ich noch Worte für dieses Neue, es war so schwer, überhaupt davon auszugehen, dass es neu war, denn in all der Zeit war ja ständig alles neu gewesen, jede Phase, jeder Schub und Zustand war neu, wie also sollte sich dieses Neue noch davon abheben? Abgrenzen lassen? Ich fühlte es trotzdem, aber es gab keinen Ausdruck mehr dafür. Es war jenseits von Ausdruck.

Es gab immer noch so viele Fragen, die auf Antworten warteten. Im Grunde waren es sogar mehr Fragen geworden. Die Theorie war klar, aber ich sah kein praktisches Wie. Wie schafften das andere Betroffene? Wie deren Angehörige? In den „Bestseller-Erfolgs-und-Heil-Büchern" von Genesenen hatte ich zwar immer gelesen, was die Heilung gebracht hat. Ein neuer Ansatz. Ein neues Phasenmodell. Die soundso vielte Methode. Aber wie genau führte der Weg dahin? Ich vermisste das konkrete Unterwegs-Sein im Dunklen und Hellen, im Licht und im Schatten. Ich war so voll mit theoretischem Wissen und hatte keinen blassen Schimmer, WIE GENAU es funktionierte.

Es gab so vieles, das ich loslassen musste und das bis heute nicht mehr zurückgekommen ist: meine Autonomie, meine Selbstständigkeit, mein Vertrauen ins Leben und in meinem Körper. Ja, sogar der Sonntag ging mir verloren. Das wunderbare Gefühl beim Aufwachen, dass ein ganzer Tag voller schöner, leichter und leerer Ungewissheit vor mir steht. Ein stiller Tag, der mit Zauber gefüllt werden kann. Diese Sonntage gab und gibt es nicht mehr. Der Schmerz hatte sie einfach aufgefressen.

Ich habe meine Arbeit verloren, meine Vision, meine Berufung. Nach zwei Jahren brachte mir mein Chef all meine persönlichen Dinge aus meinem Büro in einem kleinen Karton nach Hause. War das alles? Mein ganzes Arbeitsleben in einem Karton? Ich konnte ihn monatelang nicht öffnen.

Ich kann nicht mehr ins Kino gehen oder zu einer Vernissage oder in ein Restaurant, geschweige denn eine große Reise machen. Ich kann nicht mehr Rad fahren, Schwimmen oder alleine meine Schuhe binden. Nein, auch meinen Haushalt kann ich natürlich nicht mehr bewältigen ... Permanent drehen sich meine Gedanken um die Frage, wie ich das „machen" soll, wie ich alles das innerlich loslassen und mein neues Leben – ist das noch Leben? – annehmen kann. Ich suche nach einem Wort dafür, ich nenne es „mein neues Dazwischen". Diese individuelle Bezeichnung schenkt mir irgendwie noch Authentizität. Dem „Ding" einen Namen zu geben, meinen Zustand mit diesem Namen zu beschenken, dieses Etikett zu beschriften, auch wenn gar keine Schublade mehr da ist – lässt mich in letzter Würde nackt und pur sein und mich innerlich aufrichten.

Jetzt bin ich bereit. Ich werfe den Blick auf die Schattenwelt. Die Schattenwelt schenkt mir ihr Licht.

Balance finden und Zartheit entdecken

Tatsächlich habe ich irgendwann den inneren Glauben entwickelt, ich sei selbst schuld an meiner Erkrankung. Wer denn sonst? Ich war mir sicher, dass ich in meinem Leben etwas falsch gemacht, etwas übersehen und nicht hart genug an mir gearbeitet hatte. In mir war die Überzeugung „gereift", dass ich krank geworden und immer noch krank geblieben war, weil ich noch nicht in jedem meiner inneren Seelenräume bis in die letzte Ecke und in allen Schubladen meines Denkens gründlichst Staub gewischt hatte.

Das Weiche und Zarte wollte einfach keinen Platz in mir finden.

Vielleicht war es aber auch genau umgekehrt? Ein Pfleger sagte einmal zu mir, er glaube, dass Menschen mit einer Erkrankung ganz besondere Fähigkeiten und Aufgaben in diesem Leben hätten. Noch so eine Fährte. Sie klang interessant, aber führte auch zu keiner Lösung. Die Frage nach dem Warum verpuppte sich mehr und mehr in einem mysteriösen Kokon.

Später fühlte ich mich obendrein noch schuldig, weil ich nicht mehr arbeiten und nichts mehr zum gesellschaftlichen Leben beitragen konnte. Nichts zum Einkommen in meiner kleinen Familie und nichts zum großen Ganzen in der Welt. Kein Wunder, dass ich mich bald nur noch als eine Last empfand und davon überzeugt war, dass ich das Leben meines Mannes zerstörte. Und ich fühlte mich beschämt, weil ich all das, was mir die Menschen um mich herum an Liebe, Hilfe und Fürsorge schenkten, vermutlich nie mehr zurückgeben würde können.

Mein innerer Schuldenberg wuchs zu einem riesigen Mount Everest heran.

In meinen Lehrbüchern gab es keine Anleitung dafür. Ich konnte weiter meine Meridiane abklopfen, an inneren Glaubenssätzen arbeiten, zur Klärung schreiben, meditieren oder reflektieren, aber ich drehte mich damit nur immer tiefer in eine Abwärtsspirale.

Ich bin eine einzige Wunde und jeder Versuch, es zu verstehen, fühlt sich an wie ein zu kleines Pflaster, das auch noch seine Klebekraft verloren hat.

Natürlich sind diese Gefühle ganz und gar menschlich gewesen und gehörten wahrscheinlich nicht nur bei mir, sondern bei allen so oder ähnlich Betroffenen zum Leben dazu. Aber bei den meisten landen sie dann doch irgendwann in einer dunklen Eckschublade und entwickelten dort ein Eigenleben. So zunächst auch bei mir. Zum Glück war ich nur selten wütend oder neidisch auf das vitalere Leben und die Gesundheit anderer Menschen. Dafür bin ich bis heute dankbar. Vielleicht lag es daran, dass es nach meiner ersten Nahtoderfahrung keine Löffelliste mehr gab. Ich hatte von da an immer befolgt, wo mich meine Seele hinzog.

Es entstand unendlich viel Erlösung in mir, als ich es gewagt habe, diese Gedanken und Emotionen aus ihrem Schatten-Dasein ans Licht zu holen. In tiefem Vertrauen sprach ich mit Franz darüber.

Ich bot ihm an, in eine Pflegeeinrichtung zu gehen. Er könnte sein Leben ohne mich führen und irgendwann wieder glücklich sein. Aber das wollte er nicht. Ich sprach ihn von Herzen frei, schließlich war unsere Liebe ein Geschenk und keine Verpflichtung. Es stellte sich heraus, dass auch er sich schuldig fühlte, nur in ganz anderer Hinsicht. Er machte sich Vorwürfe, dass er nicht genug da war, manchmal keine Kraft mehr hatte oder auch mal wieder unbändige Lust verspürte, ins pralle Leben zu springen. Es machte mich dankbar, als er den Mut fand, mir zu erzählen, was er brauchte, um sich selbst nicht zu verlieren.

Ich konnte keine Sexualität mehr leben, da jeder Kontakt meine entzündete Wirbelsäule fast zerrissen hat. Auch darüber haben wir offen gesprochen. Sexualität ist ein ziemlich heißes Eisen, um das oft lange herumgetanzt wird. Aber es ging für uns nicht anders, als gemeinsam in das innere Feuer zu steigen und dort nach neuen Wegen zu suchen. In Liebe und Offenheit. Wir suchten auf verschiedenen Ebenen nach einem neuen Faden für unsere gemeinsame Lebensperle. Wir fädelten die Kette weiter, aber jetzt noch viel mehr out of the box: Wer könnte uns wie unterstützen? Wie könnten wir es schaffen, Hilfe einfach dankbar anzunehmen? Wer könnte mich tagsüber versorgen? Oder nachts, falls Franz mal weg wäre?

Letztlich fanden wir durch diese Gespräche zu noch mehr Authentizität. Wir weinten zusammen und suchten weiter nach für uns stimmigen neuen Wegen. Es hat mich zutiefst berührt, als Franz nach einem Jahr Pflege zu meinem Vater gesagt hat, er würde mich mit all den Herausforderungen sofort wieder heiraten. Welche Größe, welche Liebe!

Mein bester Freund Frank ist sehr intuitiv. Auch die vielen Gespräche mit ihm ließen mich neue Lösungen und passende innere Bilder finden. Nach und nach entdeckte ich Wege und Impulse, das Gefühl von Schuld zu verarbeiten.

***

Ein großer Teil meines beruflichen Lebens hatte bis dahin darin bestanden, für andere Menschen da zu sein und sie in ihren Lebenssituationen zu begleiten. Jetzt durfte ich auf der anderen Seite stehen und lernen, mich begleiten zu lassen. Suchte das Leben auf diese Art nach einem Ausgleich? Oder konnte ich dieses Phänomen auf einer übergeordneten Ebene betrachten: Menschen geben, schenken, fordern und empfangen ihr ganzes Leben lang. Mal mehr, mal weniger, mal einseitig, mal gegenseitig. Findet am Ende des Lebens nicht alles seine ursprüngliche Balance? Und falls wir tatsächlich wiederkommen (wovon ich seit meinen

Nahtoderfahrungen zutiefst überzeugt bin), kann es dann nicht sein, dass unsere Seelen ihre Balance sogar über viele Inkarnationen hinweg suchen?

Zu bestimmten Zeiten hatte ich bestimmten Menschen etwas gegeben. Jetzt schenkten mir ganz andere Menschen etwas zurück. Passierte denn nicht immer alles in Verbundenheit, im Austausch und im Fluss, einmal ganz universell gesehen? Diese erweiterte Vorstellung von Balance tröstete mich.

Ich fügte mich mehr und mehr in diese neue Erfahrung und habe mich schließlich getraut, auch mit anderen darüber zu reden. Als ich meine Schuldgefühle in Bezug auf meine Erkrankung gezeigt habe, reagierten die Meisten mit Verblüffung und Irritation. „Wieso sollst du schuld sein, wenn du krank bist?"

(Ja, wer denn sonst?)

Die meisten berichteten mir aus eigenen Erfahrungen, sie seien vor allem wütend gewesen, wenn sie krank waren. Sie hätten ihren Körper gehasst, weil er nicht mehr „funktionierte". Oh ja, Wut war bei mir in einem Übermaß da! Als mich mein bester

Freund eines Tages fragte, wie ich mich bei einem kranken Kind verhalten würde, sagte ich spontan: „Ich würde es noch mehr lieben, damit es wieder heilt." In diesem Moment, als ich mich das sagen hörte, wusste ich, worauf er hinauswollte: Was machte ich? Ich hasste meinen Körper für seine unendlichen Schmerzen. Ich war wütend auf meinen Körper, weil er nicht mehr „funktionierte". Liebte ich ihn etwa nicht?

Hingabe lernen und Verbundenheit entdecken

Ein weiteres zehrendes Gefühl war die Scham, die viele Überschneidungen und Verbindungen zur Schuld hatte. Ich schämte mich ganz besonders dafür, dass ich als Heilpraktikerin den Schlüssel zur Heilung nicht fand. Wie sollte ich andere Menschen bei ihrer Heilung unterstützen, wenn ich bei mir selbst versagte?

Ich schämte mich grundsätzlich, dass ich nicht mehr gesund wurde, dass ich Hilfe annehmen musste, dass ich mein Leben nicht mehr in Autonomie führen konnte. Ich schämte mich, wenn meine Schwiegermama mit über 70 Jahren auf ihren Knien unsere Wohnung putzte, während ich auf dem Sofa lag, oder wenn mein Papa mit beinahe 80 Jahren um mich herum saugte, wischte und in jede Ecke kroch. Ich schämte mich, wenn mir meine Freundin die Fußnägel schnitt und mir half, mich nach dem Duschen abzutrocknen.

Rückblickend bewegte ich mich eigentlich nur noch in diesen „niederen Schattenwelt-Frequenzen". Scham ist das intimste Gefühl, das wir Menschen haben. Als ich es schaffte, mich mit (!) meiner Scham ganz nackt und verletzlich zu zeigen, haben meine Begegnungen mit anderen Menschen an Tiefe noch mehr gewonnen – jenseits aller Masken, aller Rollen und allem So-tun-als-ob. Ja, eigentlich hat genau da meine Heilung begonnen. Indem ich mich habe berühren lassen, indem ich meinen Schmerz, meine Angst und Ohnmacht und Trauer „ungekürzt" und ungeschönt mit anderen teilte, erfuhr ich wahre Begegnungen und ich erlebte mich in unverstellter Verbundenheit. Es ist genau diese kleine Schnittstelle, die uns in unserem Menschsein miteinander verbindet.

Mein Leben lang wollte ich stark sein. Ich versuchte immer, der Ohnmacht mit Kontrolle zu begegnen. Nie wollte ich mich verletzt zeigen oder mich hilflos anderen zumuten. Meine niederen Schatten-Emotionen sollte niemand sehen, aber jetzt zwang mich mein Körper dazu, sie zu offenbaren.

Die Scham und die Ohnmacht sind meine Lehrmeisterinnen geworden. Sie lehrten mich Hingabe und Verbundenheit. In der Anerkennung der Dualität des Lebens, im Finden und Bekennen meiner Scham lag mein Schatz verborgen. Ich spürte, dass wir alle gleich sind. Manchmal braucht der andere Hilfe, manchmal ich. Es gibt kein Besser oder Schlechter, Höher oder Tiefer. Nur in der Akzeptanz von Licht und Schatten sind wir ganz. Und so wurde ein Teil in mir ganz und heil.

Das Leben sinnhaft umarmen

Die nächsten Frequenzen, die unbedingt zu meinem neuen inneren Clan gehören wollten, waren Wut und Angst. Zwar kannte ich beide schon zur Genüge, aber jetzt saßen sie permanent und in voller Größe an meinem inneren Verhandlungstisch.

*Ich lieg auf meinem Sofa, ich hasse es in-
zwischen. Ich bin so dermaßen wütend auf
mich und meinen Körper, dass ich gefühlt
nur noch mit einem Messer zwischen den
Zähnen darin lebe. Nicht nur mein Zuhause, auch mein Körper ist zu meinem Gefängnis geworden. An vielen Tagen hasse
ich ihn so sehr, dass ich ihn nur noch abstreifen oder wegstoßen will. Ich will mich
selbst verlassen, loslassen. Gleichzeitig
habe ich so bittere panische Angst, dass alles noch viel schlimmer werden wird.*

Und es wurde immer schlimmer.

Ich wollte leben und irgendwann wollte ich nur
noch sterben. Mein Denken hat sich nur noch in
einer Zwischenwelt dieser beiden Kategorien ab-
gespielt. Es gab keine Klarheit mehr. Jeden Tag
habe ich mich gefühlt, als würde ich von einer Rie-
senwelle des Ozeans verschluckt werden, nur um
mich dann zum tausendsten Mal wieder leer am
Strand ausspucken zu lassen. Es gab eigentlich gar
kein Leben mehr. Es gab nur noch das nackte
Überleben. Und so klopfte die nächste unfassbar
große Frage an meine inneren Mauern: Was ist der
Sinn des Lebens?

Was ist mein Leben, wenn ich nur noch auf dem Sofa vor mich hin vegetiere? Worin liegt da der Sinn, wenn ich vierundzwanzig Stunden mit Schmerzen verbringe und nie weiß, wie ich die nächste Stunde überstehen soll? Früher hatte ich darauf geantwortet, dass der Sinn meines Lebens darin bestehe, mit meiner Arbeit und in meinem Sein Gutes zu tun. Ich hatte es geliebt, Menschen auf ihrem Weg zu begleiten und durch mein Tun etwas in der Welt beizutragen. Aber jetzt fand mein Leben jenseits allen Tuns statt.

Was war also der Sinn des Lebens, wenn es keine Arbeit, kein Tun und keine Selbstverwirklichung gab? Wozu war ich da, wenn ich nicht mehr schöpferisch sein konnte, wenn ich weder genießen noch erleben konnte. Was hieß noch erleben? Ich lebte gerade einmal so, weniger noch, ich überlebte lediglich.

Wie schafften es Menschen mit der Diagnose einer tödlichen Erkrankung, eine Sinnhaftigkeit zu bewahren? Wie schaffte es ein Mensch mit Multipler Sklerose, Krebs oder ALS, sinnvoll weiterzuleben? Ich fühlte mich unendlich allein mit diesen Fragen. Gerne hätte ich mich in dieser Zeit mit Menschen ausgetauscht, die in einer ähnlichen Lebenssituation sind. Sinn war doch ein urmenschlicher Antrieb und innerer Lebensmotor, warum gab es dann keinen „öffentlichen" Ort und Raum, keine Institution, wo die existenzielle Sinnfrage einen prominenten Platz gehabt hätte? Warum gab es noch nicht einmal eine Schublade dafür, und wenn doch, dann nur eine ganz kleine, ganz hinten in einer dunklen Ecke?

Ich musste mich selbst auf die Suche machen.

Zunächst noch lesend. Später fühlend, nachspürend. Noch später nachfragend bei den Menschen um mich herum.

Ich fand vor allem Antworten in den Büchern von Viktor Frankl, einem österreichischen Neurologen und Psychiater, der während des Zweiten Weltkrieges in mehreren KZ`s inhaftiert gewesen war und diese Zeit überlebt hatte. Seine Antworten und Impulse konnte ich annehmen. Ein Mensch, der tagtäglich gehungert hatte, krank war und gefoltert wurde, der der reinen Willkür des NS-Regimes ausgesetzt war und all das Grauen überlebt hatte, der wusste, wovon er sprach. Da gab es keine übergestülpten Höflichkeits-Antworten mehr. Da ging es um die pure Essenz des Lebens.

Erst später, als es mir etwas besser ging, entdeckte ich das Buch „StehaufMensch!" von Samuel Koch. Der Autor hatte einen schweren Unfall und blieb seitdem an den Rollstuhl gefesselt. Es berührte mich sehr, als ich Zitate von Viktor Frankl bei ihm fand.

Gleichzeitig hat es mich zutiefst erschüttert, dass die wertvollsten Antworten bei einem Menschen zu suchen und zu finden waren, der 1942 im KZ interniert war, während die Bestseller-Stimmen der „fortgeschrittenen" Gegenwart nichts groß dazu zu sagen hatten.

Viktor Frankl beschrieb in seinem Buch „Trotzdem Ja zum Leben sagen" die sogenannte provisorische Existenz. Es gebe darin kein Ziel, außer vielleicht das Überleben. Das Dasein sei abhandengekommen und im Schmerz nicht mehr spürbar. Genau so fühlte sich mein Leben ja an. Provisorisch. Meine Existenz beziehungsweise all das, was mich bisher ausgemacht hatte, war weg, war verloren. Jetzt konnte ich mich für das Vegetieren entscheiden, mich dem Leben verschließen, sterben oder …

… noch einmal nach wieder neuen Antworten suchen.

Viktor Frankl schenkte mir den Impuls, „neu" zu fühlen und völlig anders zu denken.

Ich spüre es deutlich, obgleich der Unterschied nur subtil ist, dass es meiner Seele besser geht, wenn ich das Warum loslasse. Das Loslassen ist mir nicht neu, nichts ist neu, nachdem so oft so viel ständig neu sein musste, gegen meinen Willen. Frankl sagt, noch einmal „neu", und ich glaube ihm. Es gibt schon lange keine Komfortzone mehr, die ich noch weiter dehnen könnte. Es gibt nur noch das Loslassen. Und die Hingabe an das Loslassen. Ich lasse die Frage los, worin der Sinn besteht. Ich lasse auch den Sinn los. Den Sinn der Krankheit, den Sinn meines Herumliegens, den Sinn meiner Schmerzen.

Ich spüre deutlich eine innere Wandlung in mir, sie ist wie eine Millimeter-Bewegung, scheint winzig, aber enorm wirkungsvoll. Ich wende meinen Blick ab von dem ewigen Warum oder Wozu – und frage mich jetzt, ganz neu:

Welche Antwort möchte ich (!) dem Leben auf meinen Schmerz und mein Leid geben?

Diese Einsicht hat in mir richtig „klick" gemacht. Plötzlich stand nicht mehr die Frage im Mittelpunkt, was ich vom Leben erwarte, sondern die neue Aufgabe: Dem Leben meine Antwort zu geben!

Viktor Frankl erinnerte mich daran, dass der Sinn des Daseins von Mensch zu Mensch und von Augenblick zu Augenblick wechselt. Das tröstete mich, denn ich musste keine Antwort finden, die für immer gültig sein würde. Ich durfte mich den Gezeiten des Lebens überlassen. Im Augenblick der Ebbe habe ich mich dafür entschieden, so gut es ging im Moment zu sein und meinen Weg aufrecht, aufmerksam und authentisch weiterzugehen – wohin er mich auch führte. Es war mir wichtig geworden, mich nicht mehr weiter im Schlamm der Schuld und Scham, der Angst und Wut zu suhlen, sondern meinen Horizont zu öffnen und mich innerlich zu weiten, auszudehnen. Ich habe versucht, das permanent drehende Rad der inneren Opferhaltung zu stoppen und offen zu bleiben für das Leben und die Menschen um mich herum.

Vielleicht ist es ein Mysterium, jenseits von Worten im ewigen Wandel zu sein? Vielleicht ist es magisch, so „lose" nur immer den Augenblick zu fühlen, ohne ein Morgen zu kennen. Ich spüre keine Sicherheit und alle Sicherheit zugleich.

Ich spüre mein inneres Aufrichten, ganz subtil, wie unmerklich, aber doch deutlich. Und ich spüre, dass ich geliebt und getragen bin, jenseits von Leistung und Tun. Ich bin wertvoll, genau so, wie ich bin.

Wenn mich später jemand gefragt hat, wie ich das geschafft und warum ich so gestrahlt habe, obwohl ich permanent Schmerzen hatte, war meine Antwort immer eine Beschreibung genau dieses inneren Prozesses. In dieser Zeit entstand auch die Vision, ein Buch zu schreiben, wenn ich es überleben würde.

***

Vielleicht kann dieser Prozess mit „mein inneres Annehmen" überschrieben werden? Ich weiß es nicht. Das innere Ringen um Annehmen oder Loslassen hat über so viele Jahre einen emotionalen Dauer-Schwelbrand in mir am Laufen gehalten.

Die Frage, ob ein totales Akzeptieren und Annehmen bedeutet, dass ich aufgebe und ob das Aufgeben dann wiederum bedeutet, dass ich sterbe, hat mich immerzu gequält. Und daran hing dann im Schlepptau die nächste Frage: Wie kann ich diesen Kampf loslassen, wenn ich nicht weiß, ob ich dann sterbe?

Rückblickend betrachtet hat sich die tiefere Bedeutung dieses Annehmens von einer ganz anderen Seite her gezeigt. Ich hörte lediglich auf, dagegen anzukämpfen, dass es überhaupt so war. Ich hörte auf, mich gegen das „Unglück" zu stemmen, das da mit voller Wucht in mein Leben gepoltert war. Ich öffnete mich dem stillen Leben im Schicksal und legte mich in die umschließenden Arme des Todes. Ich wusste ja nicht, wie lange ich diese Schmerzen noch aushalten könnte und wollte.

Inzwischen war ich zutiefst davon überzeugt, dass es einen Raum jenseits von Tun, Aufgaben, Kämpfen und Rollen gab, wo ich einfach ich war, perfekt war. Wenn ich mich mit diesem Raum verband, dann spürte ich mein inneres Heil-sein, ja das Heilige in mir. An diesem „Ort" fühlte ich mich eins mit Gott, mit meiner Quelle und verbunden mit der Göttin in mir.

Auch Franz war mittlerweile über seinem Limit. Er arbeitete in der Schweiz und wenn er spät abends nach Hause kam, war er müde und erschöpft. Seine Kraftreserven waren aufgebraucht. Über Monate hinweg massierte er mir Abend für Abend stundenlang die Füße. Berührung war das Einzige, das mich noch nährte …

Welche Antwort möchte ich dem Leben geben?

Verbunden sein

Ab dem Moment, als ich meine illusionäre Erwartungshaltung („Das muss doch aber wieder alleine gehen!") überwunden und akzeptiert hatte, meldeten sich beinahe täglich Menschen bei mir und waren für mich da. Einfach so. Das ist bis heute so geblieben. Ich musste in dieser Zeit fast nie um Hilfe bitten, sondern wurde getragen. Es gab nichts mehr zu tun, als mich einfach fallen zu lassen.

Und so wob sich um Franz und mich ein dickes Netz von helfenden und tragenden Händen. Tiefe Dankbarkeit nistete in meiner Seele, in seiner Seele.

Ich war nicht mehr länger „die Arme", die schon wieder etwas brauchte. Ich stand in einem lebendigen Dialog mit mir und all den Menschen um mich herum. Meine Schmerzen und meine Not lagen wie offene Karten auf dem Tisch und ich saß aufrecht davor, während andere mich aufrichtig beschenkten.

Meine Schwiegermama und meine Schwägerin mit Familie waren rund um die Uhr für mich da. Sie kamen zum Putzen, Kochen, Waschen oder Einkaufen vorbei. Sie fuhren mich zu Arztterminen oder blieben bei schlimmen Schmerzschüben einfach an meinem Bett. Es hat Zeiten gegeben, da wich mir Franz` Mutter nicht mehr von der Seite. Manchmal hörte ich in der Küche ihr leises Weinen, denn sie spürte, wie es um mich stand. Aber noch umkreisten wir das Anklopfen des Todes.

Mein bester Freund war immer für mich da. Er wachte Tag und Nacht über mich, wenn Franz geschäftlich unterwegs sein musste. Dann kochte er für mich, sorgte für mich und las mir Geschichten vor. Er stieg mit mir in meine tiefsten Abgründe hinab und auf der anderen Seite wieder herauf. Das gemeinsame Ringen um immer neue Antworten vertiefte unsere Freundschaft um eine weitere Dimension.

Mein Vater kam immer wieder zu Besuch und half an allen Ecken und Enden. Unsere tollen Vermieter waren immer für mich da. Es schenkte mir in vielen Stunden Trost, einfach ihre Stimmen im Haus zu hören und zu wissen, dass ich nicht alleine war.

Über manche Dinge hatte ich mir bisher noch nie Gedanken gemacht. Irgendwann war mein Bestand an Pullis, Jogginghosen und Slips aufgetragen. Ich konnte aber nicht mehr selbst einkaufen gehen. Für Online-Bestellungen fehlte mir die Kraft. Und so bat ich meine liebe Freundin aus meiner alten Heimat Heilbronn, das für mich zu erledigen. Wir hatten ungefähr die gleiche Größe und einen ähnlichen Geschmack. Ich wurde gleich doppelt beschenkt, als sie mit ihrem Mann zu Besuch kamen. Sie brachten mir einen Stapel wunderschöner Kleidung und Wäsche mit und bei der Gelegenheit putzten sie auch gleich unsere Fenster und topften unsere Blumen um.

Eine andere Freundin schenkte mir einen selbstgenähten Rock. Ich sollte mich wieder einmal als schöne Frau auf meinem Sofa fühlen.

In dieser Zeit bekam ich auch oft Geld geschenkt. Familie und Freunde steckten es mir in allen Variationen zu, da wir meine Arztkosten nicht mehr zahlen konnten.

Andere schickten mir Gedichte, Texte oder Musikstücke. Eine Arbeitskollegin schickte mir täglich eine Seite aus einem Bilderbuch per WhatsApp. Diese kurze, bebilderte Seite konnte ich noch lesen, mehr war mir nicht mehr möglich.

Mal kam ein Päckchen von meiner Mutter mit leckeren Tees und herrlichen Düften, mal ein Paket mit tollen Ölen von meiner Freundin, der Mutter meines lieben Patenkindes aus meiner alten Heimat. Sie schenkte mir auch gleich noch ein Abo für eine Zeitschrift, die mich mit schönen Bildern beglückte. Es schneiten Blumengrüße und Postkarten von Arbeitskolleg:innen und Patient:innen ins Haus.

Als Franz einmal auf einer Messe war, zogen über das Wochenende unsere Freunde aus Lindau bei mir ein. Sie sangen indische Heilmantras für mich, umsorgten mich und streichelten mich in eine innere Stille hinein.

Irgendwann kam meine liebe Freundin aus der Schweiz zu Besuch und bekochte mich. Sie beschenkte mich mit herrlich duftenden Gesichts- und Augenmasken. Am nächsten Tag kümmerte sie sich noch um eine Grundreinigung unseres Kühlschranks.

Eine weitere Freundin führte mich mit therapeutischen Hypnosen immer wieder in eine Tiefenentspannung.

Neben der Heilpraktikerin, die täglich zu mir kam, um mir Infusionen zu legen und mich rundum zu begleiten, gab es in meinem Bekanntenkreis auch Heiler:innen, Schaman:innen und einen Feldenkraislehrer, die mich mit ihrem Wissen und Können versorgten. Sogar meine Bankberaterin machte Hausbesuche.

Und dann gab es eine Vielzahl von Menschen, die mich täglich „einfach so" besuchten, über mich wachten, Tee mit mir tranken, meine Füße massierten oder mich durch den Entzug der üblen Medikamente begleiteten. Es gab eine Woche, da wurde ich täglich von einer anderen Freundin bekocht – mal afrikanisch, mal chinesisch, mal indisch.

Und das alles, weil ich mich geöffnet habe ...

Kann man der Einsamkeit vielleicht nur gemeinsam begegnen?

Ohne dieses Menschen-Netz hätte ich den Sinn meines Daseins verloren, erst recht die Kraft zum Weiterleben. Worte fühlen sich viel zu eng an, viel zu klein, um meine Dankbarkeit darin zu fassen. All die Menschen um mich herum waren so viel mehr: Sie waren mein Fenster zum Leben. Durch ihre Geschichten atmete ich den Regen und die Sonne ein. Ich hörte von neuen Büchern, Filmen oder Reisen.

Ich bin die Kranke, aber auch die Hüterin der ängstlichen Geheimnisse der Gesunden. Sie haben manchmal den Mut, sich meiner neuen Lebenssituation mit zarten Fragen zu nähern, sie wollen wissen, wie es mir tiefer drinnen mit der Herausforderung geht. Viele weinen einfach mit mir mit in Anbetracht meiner Ohnmacht und Hilflosigkeit, die ich bereitwillig vor ihnen ausbreite. Andere hadern mit der Schwere und der Todesnähe. Sie werden ganz sprachlos und wir schweigen dann gemeinsam. Noch andere fühlen sich durch meine Erkrankung inspiriert, sich ins pralle Le-

*ben zu stürzen und Dinge zu tun oder sich
zu leisten, die bisher unerfüllt auf ihrem inneren Wunschzettel gestanden haben.*

Ich konnte auch den Menschen ein Geschenk machen, wie mir langsam klar wurde. Ich lauschte
hingebungsvoll ihren Geschichten, Gedanken und
Gefühlen. Je authentischer ich mich gab, desto
mehr öffneten sich die Menschen um mich herum.
In dieser Zeit habe ich vor allem gelernt, mich lieben zu lassen – mit meiner Angst, meiner Ohnmacht, meinem Schmerz und meiner Scham. Ich
habe mich schon oft gefragt, ob wir Menschen uns
gegenseitig vielleicht erst durch einen „Bruch"
erkennen können. Ob es vielleicht der kleine Riss
in der vermeintlichen Vollkommenheit des Lebens
ist, der uns erst wirklich verbindet? Und wir werden erst dadurch wirklich ganz …?

Franz

Bei all dem wachte er über mich: Franz. Manchmal schien es so, als habe seine Seele das Behüten
vor allem für mich in dieses Leben mitgebracht.
Franz stand während aller Krisen wie ein starker

Baum neben mir. Unsere Wurzeln wurden stärker, unsere Liebe noch tiefer. Immer wieder hat Franz mich mit vielen kleinen und großen Überraschungen erstaunt und beflügelt. Es gab Momente, wo er mir regelrecht wieder Leben einhauchte.

Es war an einem Regentag, draußen goss es in Strömen und mir liefen die Tränen über die Wangen. Ich war nahezu überflutet von Trauer und konnte nichts dagegen tun. Plötzlich stand Franz von seinem Stuhl auf, hob mich liebevoll vom Sofa, zog mich sanft nackt aus und führte mich auf den Balkon. Dort hat er mich zum Tanzen im Regen aufgefordert. Für zwei Minuten war aller Schmerz verflogen. Für diesen Tag hat er mir neue Hoffnung geschenkt – und eine wertvolle Erinnerung: Wenn ich Regen auf meiner Haut spüre, ist das ein Zeichen dafür, dass ich lebe!

In der Phase, als ich noch nicht ganz bettlägerig war, hatte ich oft den Liegekoller. Dann packte Franz manchmal heimlich den Bus und plante eine kleine Tour für mich. Er weiß, dass ich Klöster liebe und Bäume, und so schenkte er mir eines Tages einen Ausflug in die Schweiz. Ich lag hinten in unserem Oskar und konnte durch die Fenster die herrliche Natur und das Kloster Königsfelden se-

hen. Franz entführte mich zur „Linner Linde".
Diese Linde ist ein uralter, starker und riesiger
Baum und dahinter sind die schneebedeckten
Alpen zu sehen. In der Schweiz ist dieses Fleck-
chen Erde als Kraftort ausgezeichnet. Als ich vor
diesem uralten und dicken Baum stand, war auch
für mich diese magische archaische Kraft spürbar.
So schenkten mir dieser uralte Baum, mein Mann
und dieser Ausflug an diesem Tag etwas von ihrer
Stärke. Und ich fühlte wieder Licht in mir.

Es gab auch viele Momente, da ICH mich sehr um
Franz sorgte, weil er sich meiner Lebensform völlig hingab und nur noch selten die schönen Seiten
des Lebens genoss. Manchmal startete er einen
erfolglosen Versuch des Alleinseins, setzte sich auf
sein Liegerad und radelte einfach los. Oft war sein
kleiner Ausflug aber schnell wieder beendet, weil
er seine Gedanken an mich einfach nicht abstreifen
konnte.

Meistens erkundigten sich die Menschen während
dieser Phase nach mir und kaum jemand nach ihm.
Irgendwann fragte ich mich: Wer kümmert sich
eigentlich in diesen schweren Zeiten um die nahe-
stehenden Angehörigen? Wer schaut eigentlich
danach, wie es ihnen geht? Die Angehörigen sind

oft nur noch am Funktionieren. Sie müssen auf andere Art und Weise ihre Visionen ziehen lassen: Ideen von Zweisamkeit und Partnerschaft, gemeinsame Träume, Wünsche und Bedürfnisse. Außerdem spürte Franz genauso wie ich, dass der Tod ganz nahe war. Mit wem konnte er darüber reden?

Und so begann ich, wenn Menschen danach fragten, was sie Gutes für mich tun könnten, darum zu bitten, Franz ein paar schöne Auszeitmomente zu schenken. Es war immer auch ein Geschenk für mich, ihn nach einem schönen Abend oder einem freien Wochenende wieder mit strahlenden Augen zu sehen.

Irgendwann hat mich Franz mit einer weiteren tollen Idee überrascht. (Zu dieser Zeit konnte ich noch rund fünfzehn Minuten sitzen oder aufstehen.) Er hat mich gebeten, mich schön anzuziehen (also mal keine Jogginghose) und fuhr mit Oskar in den Hof. Ich legte mich hinein und war gespannt, wohin die Reise dieses Mal geht. Er hat mir nichts verraten.

Wir hielten zunächst vor meinem Lieblingsrestaurant. Ich war verwirrt. Wie sollte das gehen? Ich würde ja kaum noch den Weg hinein schaffen.

Franz hatte aber längst mit der Chefin abgespro-
chen, dass wir in unserem Bus bedient und verwöhnt würden. Und so parkte er vor der Küchen-
rampe. Gespannt staunte ich durch das Fenster und
beobachtete das bunte Treiben rund um Oskar. Es
klopfte und der erste Gang wurde an der Schiebe-
tür serviert. Ich kletterte aus meinem Bett und
machte es mir im Sitzen bequem. Jeder Bissen war
ein kleines kulinarisches Fest. Es gab drei Gänge.
Zwischendurch konnte ich mich einfach hinlegen,
wenn mich die Kraft verließ, aber es gab ja keine
Eile. Jede meiner Zellen war vom Glück berauscht.
So konnte es also gehen, mal wieder am Leben
teilzunehmen.

***

Es begann die Zeit, in der ich vollkommen bettlägerig war. Ich konnte mich durch nichts mehr ab-
lenken. Alles strengte mich an. Jedes Telefonat,
jedes Buch, jeder Podcast. Alles war zu viel. Unsere Vermieter haben zu meinem großen Glück unseren Balkon erneuern und vergrößern lassen. So
hatte ich an wärmeren Tagen immer einen Liege-
platz unter dem freien Himmel und konnte etwas

Natur atmen. Das war reiner Seelenbalsam für mich.

Und was machte mein Mann? Er fing an zu bauen.

Franz baute mir einen lebendigen „Natur-Fernseher". Plötzlich gab es Hochbeete und ein hübsches Vogelhaus auf unserem Balkon. Ich konnte von meinem Sofa durch die lichtdurchfluteten Fenster so viel Schönes beobachten. Es dauerte nicht lange, da kamen die ersten Vögel, an manchen Tagen herrschte draußen sogar ein reges Treiben. Manchmal zählte ich über zehn Vögel, die in ihrem bunten Federkleid um das kleine Häuschen flatterten. Einmal saßen plötzlich zwölf weiße Tauben auf dem Balkon und schauten durch das Fenster herein. Ein kleiner Friedensgruß vom Himmel? Es kamen Bienen, Wespen und Hummeln vorbei. Ich hörte ihr Summen – und manchmal, wenn ich draußen lag, sogar den zarten Flügelschlag der bunten Schmetterlinge. Einmal nachts haben sogar Glühwürmchen den Weg zu mir herauf gefunden. Sie sind ins Wohnzimmer geflogen und haben ihren leuchtenden Tanz über meinem Sofa vollzogen. Das fühlte sich beinahe magisch an.

Franz war Tag und Nacht für mich da.

Er tröstete mich, hielt mich, streichelte mich und unterstützte mich, wo es ihm nur möglich war.

Wir hatten einen Deal: Wir wollten uns immer ehrlich sagen, wie es uns wirklich ging. Zugegeben, das habe ich in manchen Situationen nicht getan, um ihn nicht noch mehr zu belasten.

Und dann kam der Tag, an dem ich mit Franz gemeinsam meine Beerdigung geplant und meine letzten Wünsche besprochen habe. Wir spürten beide, dass es so nicht mehr lange weitergehen konnte. Den Moment der Endgültigkeit anzusprechen war eine große Hürde und hat uns viel Mut gekostet.

Es war an meinem 51. Geburtstag. Am 18. Dezember 2019. Der Tag, an dem die Menschen in meiner Familie geboren werden und sterben.

Geschmack des Todes

Der schwarze Plan B

Stille. Tiefe, dunkle Stille. Kein Ton, keine Bewegung. Das Leben hatte plötzlich halt gemacht. Es war erstarrt. Kalt und leblos. Das Leben war gestorben. Unversehens gestorben. Ich lebte, aber das Leben war tot. Während ich geglaubt hatte, ich würde sterben, das Leben aber weitergehen, war das Leben gestorben und ich war noch da. Ich musste dem gestorbenen Leben einen Atemzug einhauchen. Wie Gott, der den Menschen schuf, indem er den Lehm mit seinem Atem erweckte, musste ich mit meinem Atem ein neues Leben erschaffen. Wie sollte ich dieses Wunder vollbringen?

Es gibt nur einen Weg: Ich muss meine Fantasie spielen lassen. Doch jetzt werde ich mit einer neuen erschreckenden Wahrheit konfrontiert. Meine Fantasie ist verschwunden. Auf und davon! Die Quelle meiner schöpferischen Kreativität ist einfach versiegt. Kein einziger Tropfen ist mehr zu hören. Mein Denken ist versteinert, kein einziges Wunschbild kann ich mehr zeichnen. Meine Träume hängen wie verblichene Fresken an den Wänden der Erinnerung. Sie lassen sich nicht mehr zum Leben erwecken.

Diese Darstellung habe ich Ahmet Altan sinngemäß nachempfunden, der als türkischer Journalist und Schriftsteller zu lebenslanger Haft verurteilt wurde. Ein Freund hatte mir die Passage aus dem Buch „Ich werde die Welt nie wieder sehen" ein paar Tage vor meinem 51. Geburtstag geschickt. Mein Zustand hätte nicht treffender beschrieben werden können. In mir fühlte es sich genau so an.

Ich war vollgepumpt mit Opioiden und medizinischem Hanf. Ich hatte einen letzten hoffnungsvollen Behandlungsversuch mit Antibiotika in einer Borreliose-Klink hinter mir. Erfolglos. Ich war am Ende. Die Wirkung der Schmerzmittel hatte schon längst nachgelassen. Mein Körper war im Dauerstress. Da ich nachts nicht mehr schlafen konnte und den Schlaf aber zur Regeneration so dringend brauchte, begann ich Schlafmittel einzunehmen. Irgendwann ließ auch deren Wirkung nach. Mein Körper kam nicht mehr zur Ruhe. Tage. Wochen.

Jetzt brauchte ich einen Notausgang aus meinem Leben. Eine Tür, die sich noch öffnen ließ, wenn alle anderen schon geschlossen waren.

Und da war er wieder – mein erlösender Freund, der Tod. Wochenlang habe ich mir überlegt, wie ich aus dem Leben schleichen könnte. Mein Körper war schwach geworden und hielt dennoch tapfer durch. Mein Herz schlug weiter. Von allein würde es wohl nicht aufhören.

Und da war Franz, den ich so sehr liebte.

Da waren alle anderen Menschen in meinem Leben.

Da war das Unbeschreibliche, das beinahe Übermächtige, das Angstmachende, das tief gehütete Geheimnis der Kranken. Das heiße Feuer, durch das keiner gehen will.

Wir alle haben Angst vor dem Tod.

Zu meiner Entscheidung, meinen Weg aufrecht und authentisch weiterzugehen, gehörte auch die letzte Reise. Ich wollte friedlich und würdevoll sterben. Ich wollte bewusst Abschied nehmen von den Menschen, die ich liebte. Aber wie sollte ich das schaffen? Mir fehlte der Mut, mit Franz darüber zu reden. Es zerriss mir das Herz. Ich brauchte einen Plan B, falls mein Körper weiter „stark" blieb. Ich war schulmedizinisch austherapiert. Es gab keine Aussichten und Behandlungsstrategien mehr.

Beinahe rund um die Uhr waren Menschen bei mir. Ich wartete einen stillen Moment ab und rief mit letzter Kraft bei „Dignitas" in der Schweiz an. Dignitas ist der Verein für aktive Sterbehilfe. Niemals hätte ich gedacht, dass das zu meinem Notausgang werden würde. Niemals hätte ich gedacht, dass ich eine solche Institution brauchen würde. Und nun trug ich auch noch einen ethischen Boxkampf in meinem inneren Ring aus.

War es richtig? Falsch? Richtig?

Ich war erschüttert, als ich nach dem Wählen der Nummer auf eine automatische Computerstimme traf. An die Auswahloptionen eins bis vier kann ich mich nicht mehr erinnern. Ich war froh, als endlich ein menschliches, nettes und empathisches Wesen mit mir sprach. Selbst zum Sterben musste ich einen Antrag stellen, einen Lebenslauf und meinen

Leidensweg ausführlichst beschreiben und natürlich zuerst einmal in den Verein eintreten. Die Frau am Telefon versprach mir, mich und Franz zu unterstützen. Es werde viele Gespräche geben und eine gute Begleitung beim Abschied sei mir sicher.

Ich höre ihre Worte. Meine Nerven flackern, mir gleiten die Hände gefühllos herab. Ich zitterte am ganzen Körper. Nichts ist mehr unter Kontrolle. Fühlt sich so das Sterben an? Ist mein Körper gnädig und erspart mir das? Falls nicht, muss es jetzt schnell gehen. Für alle Fälle.

Ich mobilisiere meine letzten Energiereserven, klettere nachts aus dem Bett, drucke in Etappen meine Mitgliedschaft für Dignitas aus, unterschreibe den Antrag, scanne ihn wieder ein ...

Woher ich diese Kraft genommen habe, weiß ich bis heute nicht. Es war die Nacht vor meinem 51. Geburtstag.

Franz hatte Urlaub genommen. Er wollte mich mit einem Geburtstagsfrühstück überraschen. Gleich am Morgen kam eine Freundin vorbei, um mir eine

Massage zu schenken. Leider hatte ich keine Kraft mehr, weder für die Massage noch für das Frühstück. Mir entglitt alles …

In einer Blitzaktion lud Franz die Geburtstagsgäste wieder aus und fuhr mich zu meiner Hausärztin. Auf dem Weg winkten wir aus dem Auto meiner Schwiegermutter zu, die meinen Geburtstagskuchen – einen Marmorkuchen – in den Händen hielt.

Zum tausendsten Mal lag ich auf der Praxisliege und weinte. Da sah ich, dass meine Ärztin auch mit den Tränen kämpfte. Ihre Hilflosigkeit spiegelte meine und diese kleine menschliche, empathische Geste sprach die heimlichen Worte der Klarheit aus. Das war einer der schlimmsten und ehrlichsten Momente in meinem Leben. Zwei Jahre später hat meine Ärztin mir gebeichtet, in diesem Moment sicher gewesen zu sein, dass ich sterben würde.

Als ich Wochen später meine Geburtstagspost gelesen habe, stand in so vielen Karten der Wunsch nach einem Wunder. Ja, wahrscheinlich konnte mir nur noch ein echtes Wunder helfen, wenn überhaupt.

Ein Wunder. Aber woher?

Nach der Infusion brachte mich Franz wieder nach Hause und saß weinend neben mir auf dem Sofa. Er streichelte mich und sprach mutig das Unausgesprochene aus:

„Du willst in die Schweiz, oder?"

Ich nickte und wir weinten bitterlich.

Ja, ich wollte sterben.

Franz versprach mir, mich zu begleiten und den Weg mit mir zu Ende zu gehen. Sein fester Entschluss sprach Bände über seine innere Stärke, seinen Mut und seine Liebe. Er war bereit, mich gehen zu lassen – für immer.

Die Tür des Notausgangs öffnete sich einen Spalt.

Wir hielten uns fest umklammert. Ich versicherte ihm, dass ich alles tun werde, um weiter hier bei ihm zu bleiben. Das „andere" sei lediglich der Plan B.

Noch war ich hier.

Am Nachmittag kam unsere Freundin vorbei. Sie war die letzten Wochen viel bei uns gewesen und wusste um meinen Zustand. Wir bezogen sie in unsere Entscheidung mit ein. Nun hielten wir uns zu dritt, weinten gemeinsam. Da Franz und ich keine Kraft mehr hatten, baten wir sie, die letzten Wünsche in mein schon vorhandenes Testament einzufügen und als Zeugin zu unterschreiben. Ich zeigte ihr, wo sich – für alle Fälle – meine wichtigsten Unterlagen befanden.

Am frühen Abend bekam ich erneut eine Infusion und ich erzählte auch meiner Heilpraktiker-Freundin von meiner Entscheidung.

Ja, ich war am Ende. Aber ich war auch unendlich dankbar, mit diesen drei Menschen meine schwarze, dunkle Angst im Vertrauen teilen zu dürfen. Allein, es auszusprechen, brachte mir etwas Erlösung.

Es war klar, dass ich in diesem Zustand in eine Klinik musste. Nur in welche? Noch mehr Cortison, Antibiotika und Schmerzmittel konnte mein abgemagerter Körper nicht verkraften, und genau das würde in jeder normalen Klinik wie in einer Endlosschleife wieder passieren. Franz und unsere

Freundin suchten stundenlang nach Lösungen. Am späteren Abend hatten sie sie gefunden: eine anthroposophische Klinik. Als meine Hausärztin vor dem Zubettgehen noch einmal anrief, um sich nach meinem Zustand zu erkundigen, unterstützte sie diese Idee sofort. (Sie hatte selbst längere Zeit in dieser Klinik gearbeitet.) Ihre Kinder waren bereits im Bett und sie fuhr noch einmal (!) in die Praxis, um die Kliniküberweisung für mich auszustellen.

Da ein Krankentransport nur in die nahegelegene Klink möglich war, hat Franz mich am nächsten Morgen in unseren Bus gelegt. Unsere Freundin hatte sich spontan einen Tag Urlaub genommen und fuhr als unterstützende Begleitung mit. In diesem Moment wusste ich nicht, ob ich mein Zuhause noch einmal wiedersehen würde …

198

Back to life

Die Nabelschnur

Jetzt gab es nichts mehr zu tun, als den Knopf für das Wunder meiner Wiederauferstehung zu finden. Schließlich hatte ich Franz versprochen, dass ich alles dafür tun würde.

Ich hatte unbändiges Glück.

Einen solchen Ort mit so vielen liebevollen, kompetenten und herzlichen Ärzt:innen, Pfleger:innen und Therapeut:innen habe ich noch nie gesehen. Die kleine Klinik liegt umgeben von Wald und Wiesen, ein herrlicher Kräutergarten grenzt an das Gelände. Auf den Fluren stehen frische Blumensträuße. Es gibt leckeres „gesundwerden-Essen". Gelegentlich finden am Abend sogar Konzerte statt. Dann werden die Türen zu den Krankenzimmern geöffnet und wir können dem Klavier oder Violinen lauschen.

Ich hatte zwei tolle Zimmergenossinnen, mit denen ich bis heute in Kontakt bin. Allein die Lebens-

und Leidensgeschichten dieser beiden Frauen haben mir Hoffnung gemacht und meine Heilung angeregt. Sie hatten einen ähnlichen Weg zu beschreiten. Durch sie fühlte ich mich nicht mehr so einsam mit meinen Schmerzen und meiner neuen Lebenssituation. Beide gaben mir eine Tasche voller Impulse und Ideen für die nächsten Schritte mit.

Da in der Weihnachtszeit nur noch die „Notfälle" in der Klink blieben, waren viele Zimmer leer und das Klinikpersonal hatte mehr Zeit als normalerweise. Ich erlebte so viele berührende Momente mit den Pflegern und Pflegerinnen, die an meinem Bett saßen – (vor allem Danke an Lutz und Rüdiger) –, mir zuhörten und meine Hand hielten. Es gab viele ermutigende Gespräche, die meine Seele bewegten und mir wieder neue innere Kraft zum Weitergehen schenkten. Einer der Pfleger hatte selbst über längere Zeit im Rollstuhl gesessen und schließlich den Weg zurück ins Leben gefunden. Es waren die authentischen Geschichten meiner Mitmenschen, die mich gestärkt und ermutigt haben. Von ihnen habe ich mich verstanden gefühlt. Ärzt:innen, Pfleger:innen und Therapeut:innen nahmen sich nicht nur Zeit, sie suchten auch mit den Patient:innen gemeinsam nach Lösungen.

Diese Erfahrung war so ungewöhnlich für mich, dass ich mich jeden Tag fragte, warum wir als Kultur ein solches Miteinander verloren hatten.

***

Ich hatte alles losgelassen, es gab nichts mehr zu verlieren, mein Plan B stand. Ich überließ mich einer Art meditativem Dasein – in dieser ruhevollen und fürsorglichen Umgebung. Die täglichen Anwendungen rahmten lediglich mein gelöstes Dahindämmern. Ich bekam Spritzen und Infusionen, mittags gab es einen Bienenwachswickel, später ein Fußbad und therapeutische Begleitung. Zur Nacht gab es Einreibungen und Rücken- oder Fußmassagen. Ich wurde liebevoll zugedeckt. Ich schlief.

Was aber dann genau passiert ist, kann ich bis heute nicht erklären. Es liegt außerhalb von Worten und bleibt ein heiliges Mysterium für mich. Die Tür zu meinem sehnsüchtig erwarteten Wunder öffnete sich ganz langsam: Zuerst wurde der Atem wurde zu meinem Verbündeten, er schenkte mir die Nähe zu Gott. Da war nur noch das göttliche

Jetzt. Nachdem ich seit Jahrzehnten meditiert hatte, rutschte ich nun in eine unbekannte Tiefe, die ich vorher nicht annähernd erreicht hatte, obwohl ich es mir immer schon sehnlichst gewünscht hatte. Noch tiefer ging es nicht.

Und auf einmal wuchs in meinem inneren Dämmerzustand das Bild einer Nabelschnur heran. Sie nährte und verband mich auf eine unerschöpfliche Art und Weise direkt mit meiner Quelle. Anders kann ich es nicht beschreiben.

Die Hyperthermie

Ich liege in einem kleinen, schmalen Zelt, das mit medizinischem Infrarotlicht erhitzt wird. Die Krankenschwester hat mir erzählt, dass die Temperatur irgendwann auf sechzig bis siebzig Grad steigt. Die Strahlungen sollen Fieber in meinem Körper auslösen. Ich weiß nicht, was ich davon halten soll, was mich erwartet. Ich weiß nicht, ob mein Körper das überhaupt verkraftet. Ich liege drei Stunden in meinem eigenen stinkenden „Saft" in diesem engen

heißen Zelt. Alles ist nass. Ich habe gräss-
liche Schmerzen, Tränen und Schweiß
strömen unaufhörlich. Mein Fieber klettert
und die Enge macht mich zunehmend pani-
scher. Ich bekomme Sauerstoff in die Nase.
Ich halte durch. Das Fieber soll Viren und
Bakterien in meinem Körper abtöten. Ich
hoffe ...

Es hat sich so angefühlt, als würde ich wieder –
wie damals kurz nach meiner Geburt – im Brutkasten liegen. Immer wieder bin ich in Trance gefallen. Die Nabelschnur wurde dicker und stärker. Ich
fühlte, wie meinem Körper wieder Kraft und Leben eingehaucht wurde. In diesem Zelt fühlte ich
mich (vielleicht sogar das erste Mal in meinem
Leben?) plötzlich innerlich ganz und heil und vollkommen eins mit Gott und dem Leben. Es war ein
Wunder. Der beharrliche Sog des Lebens war stärker als der anklopfende Tod.

Und da, plötzlich, ist der Motor meines klapprigen
R4 wieder gestartet. Während der Hyperthermie
habe ich das klare Gefühl gehabt, dass ich wieder
laufen konnte und wäre am liebsten gleich heraus-
gesprungen.

Als ich sechs Monate später wieder in der Klinik eincheckte, um den nächsten Hyperthermie-Termin wahrzunehmen, standen die Ärzt:innen um mich herum und fragten mich ungläubig, was denn mit mir passiert sei? „Na, ein Wunder", sagte ich bloß. Wir waren uns schnell einig, dass es ein Wunder war: Ich hatte weniger Schmerzen, konnte mehr auf sein und hatte sogar schon begonnen, langsam kleinere Strecken zu laufen. Ich war beflügelt und mein Blut war vollgepumpt mit dem Adrenalin der Lebenskraft.

Als ich nach meinem ersten Klinikaufenthalt durch unsere Wohnungstür trat, war die Wohnung gefüllt mit Blumen, Karten und Geschenken. Mitpatient:innen, Arbeitskolleg:innen, Freund:innen – so viele Menschen waren intuitiv bei mir und dachten an mich. Selbst einige deren Kinder hatten mir bunte Bilder gemalt und gute Besserung gewünscht. Es waren Geschenke und Karten von Menschen dabei, die weder wussten, dass ich Geburtstag hatte, noch, in welchem Zustand ich war. Scheinbar hatte sich in dieser Zeit intuitiv ein Ring an Menschen um mich gebildet. Sie alle hatten an mich gedacht, mir Licht geschickt und für mich gebetet.

Natürlich hatten wir schon lange nicht mehr an den Treffen unserer Lauchringer Clique teilgenommen und auch sonst viele andere Freundschaften nicht mehr getroffen. Umso mehr freute es mich, als ich bei meiner Ankunft zwei Säcke voller Geschenke von ihnen vorfand. Jeden Tag packte ich ein Geschenk aus und feierte so über Wochen meinen Geburtstag nach. Irgendwann hatte ich die Idee, unsere Wohnungstür mit den bunten Karten zu bekleben. Bald war jeder Zentimeter mit guten Wünschen gefüllt, und so blieb mein Blick bei den ersten Runden durch das Wohnzimmer immer wieder ganz bewusst an diesen ermutigenden Texten, Bildern und Sprüchen hängen. Sie inspirierten mich.

Innerhalb kürzester Zeit konnte ich alle Medikamente absetzen, nach ein paar Wochen konnte ich sogar wieder mehrere Stunden durchschlafen. Meine Seele zog mich nach draußen. Irgendwann schaffte ich es wieder bis zu unserer Einfahrt. Dann nahm ich mir die kurze Strecke bis zur nächsten Straßenlaterne vor, dann bis zur übernächsten. Im Laufe der Zeit weitete ich meine Spaziergänge aus.

Unser Dorfkern ist ungefähr siebenhundert Meter entfernt. Es war ein großes Fest, als ich nach über einem Jahr diesen Weg alleine bewältigte. Irgendwann konnte ich die Strecke sogar wieder mit unserem Auto fahren. Es war absolut alles magisch für mich. Es war ein dauerndes Wunder. Ich konnte wieder in meine Straßenschuhe schlüpfen und meine alten Kleider tragen. Als ich nach so langer Zeit wieder meine Lieblingsjeans anzog, merkte ich, dass sie viel zu groß war. Hatte sie in der langen Zeit im Schrank etwa einfach ihre Form verloren? Ich lächelte darüber.

Jeder Regentropfen auf meiner Haut macht mich glücklich, jeder Tautropfen lässt meine Füße tanzen, jede Blüte wirkt betörend auf mich. Die duftende Erde zieht mich magnetisch an und ich grabe meine Hände tief hinein. Zum ersten Mal kann ich wieder in meinen geliebten Wald laufen. Mein Glück ist vollkommen! Es ist nahezu ekstatisch, das Rauschen der Blätter zu hören und den Wind in meinem Haar zu spüren. Endlich kann ich Kräuter sammeln ...

Meine Zimmernachbarin in der Klinik hatte mich dazu motiviert, essbare Wildkräuter zu sammeln. Ich konnte ja wieder kochen und mein Appetit war zurückgekommen. Und wirklich, innerhalb weniger Monate aß ich alle verlorenen Kilos wieder drauf.

Jeder neue Schritt beglückte mich, kostete aber auch viel Kraft. Nach jeder Grenzausdehnung musste ich zur Regeneration stundenlang auf dem Sofa liegen. Es gab viele Tage, an denen ich mich übernommen habe und zu weit über meine Grenzen gegangen bin. In der Konsequenz konnte ich dann jedes Mal mehrere Tage wieder nur liegen. Ich wollte meinen Körper trainieren, musste jedoch lernen, dass ich mit dem alten Muster der reinen Willenskraft nicht weiterkam. Mein Körper brauchte Geduld, Langsamkeit, Zartheit und viel Liebe. Ich musste lernen, sensibel einzuschätzen, wie weit ich meine Grenze dehnen konnte und ab wann ich sie zu weit überschritt. Es ging nicht darum, versehentlich zwei Stunden zu lange gewandert zu sein. Nein, manchmal waren es nur wenige Minuten, in denen ich zu lange auf war. Einmal versuchte ich, den Küchenboden zu saugen. Drei Tage hat es gedauert, bis ich mich wieder erholt hatte.

***

Seit der Hyperthermie verband ich mich bei meinen Spaziergängen immer mit meiner inneren Nabelschnur, spürte den Moment und ermutigte mich, im Hier und Jetzt zu bleiben. Mit dem, was gerade da ist. Und so wurden meine kleinen Spaziergänge zu meinem neuen Mantra des Seins. Ein Teil in mir fühlte sich so gesund wie nie.

Acht Wochen nach meiner Heimkehr wünschte ich mir, die Füße ins Meer stellen zu können. Als wir dann in Italien am Strand standen, strömten uns beiden Tränen der Dankbarkeit über die Wangen. Diese Reise stand unter dem Motto „Back to life". Liegend im Oskar-Bus fuhr mich Franz durch Italien, und es war ein Hochgenuss, mal wieder in ein Restaurant zu gehen und eine italienische Pizza zu essen.

Ich war wie im Rausch und voller Glückshormone. Alles ging zwar auch weiterhin jeweils nicht lange und ich musste zwischendurch immer wieder viel liegen, aber alles GING! Es war unglaublich für mich. Ich war mir sicher, in ein paar Wochen wieder vollständig gesund zu sein …

Unsere Reise endete abrupt, als uns Freunde und Familien schrieben, dass ein neuartiges Virus in Italien ausgebrochen sei und die Grenzen geschlossen werden sollten. Nein, noch mehr Viren konnte ich beim besten Willen nicht verkraften.

Als unsere Welt ein paar Tage später in den Lockdown fiel und ich die Ängste der Menschen um mich herum sah, hatte ich das Gefühl, dass das, was da gerade auf der Welt passierte, vorab in meinem kleinen Leben bereits geschehen war.

Irgendwie war ja „mein Virus" längst zu meiner neuen Freundin geworden. Durch sie hatte ich viel gelernt und sollte nun noch mehr lernen. Auch die Stille war schon lange meine Begleiterin und das Sein jenseits von Tun beherrschte ich schon. Die Angst, die Ohnmacht und der Kontrollverlust hatten ihren festen Sitzplatz in meinem inneren Wohnzimmer. Mein gesamtes Leben fand schon seit geraumer Zeit nur noch in einem kleinen Mikrokosmos statt. Isolation kannte ich nur zu gut. Es war spannend, dies alles jetzt im Außen und im großen Ausmaß zu spüren. Franz und ich, mit unseren Erfahrungen im Handgepäck, gingen eigentlich ganz entspannt durch diese herausfordernde Zeit des Lockdowns.

Wunder brauchen Zeit

Unabhängig davon standen alle Zeichen in mir auf Freude und Hoffnung. Bald würde ich wieder ganze Tage auf sein und endlich wieder arbeiten können. Voller Zuversicht telefonierte ich mit meiner Arbeitsstelle und kündigte an, dass ich bald wiederkommen werde. Da ich den Weg zu meinem Arbeitsplatz noch nicht bewältigte, kamen netterweise ein Kollege vom Personalrat sowie eine Kollegin vom Personalamt zu mir nach Hause. Gemeinsam planten wir das Prozedere einer Wiedereingliederung. Es stand noch eine Reha an und ich war zuversichtlich, danach wieder fit zu sein.

Zur Reha kam es aufgrund von Corona jedoch nie und zu einer Rückkehr in mein Arbeitsleben leider auch nicht. Ich war noch da, ich lebte, aber meine Genesung hatte ein ganz eigenes Tempo. Nach einem weiteren halben Jahr fragte ich mich, ob überhaupt etwas passiert war. Vielleicht war das die duale Realität von Wundern oder Viren?

Ich bin zutiefst davon überzeugt, dass es Wunder gibt. Aber mein Wunder war nicht eben mal vorbeigekommen und hat mein Leben von heute auf morgen total verändert. Nein, mein Wunder war von der Art her eine Schnecke und schmeckte nach Langsamkeit. Würde ich jetzt noch fünf Jahre warten, um dieses Buch zu schreiben, könnte ich es vielleicht als Buch über mein Wunder veröffentlichen – so, wie ich schon viele Wunder-Bücher gelesen habe, die aber fast alle so gut wie nichts über die langen Wege der Wunder preisgeben. Und auch das würde mir nur gelingen, wenn ich dann wieder ganz gesund wäre. Aber ich weiß nicht, wie mein Weg weitergeht und was das Mysterium des Lebens weiter mit mir geplant hat. Mein R4-Körper ist eine Herausforderung geblieben. Bis heute kann ich an guten Tagen knapp eine Stunde sitzen und knapp über eine Stunde laufen. Danach brauche ich wieder Pause und muss liegen. Falls ich diese Grenze überschreite, liege ich sogar mehrere Tage im Bett. Einmal habe ich den Versuch unternommen, ein Brett mit Farbe anzustreichen. Auch da lag ich nach zwanzig Minuten Aktion wieder einen Tag lang im Bett. Nicht nur körperliche, sondern auch jegliche geistige Betätigung wirft mich sofort wieder zurück.

Nein, ein Rollstuhl ist keine Alternative.

Mein Körper kommt nur zur Ruhe, wenn ich liege.

Aber ich fühle so viel Kraft und Fülle in mir wie noch nie in meinem Leben. Und ich benötige weiter viel Kreativität, Energie und Hilfe, um meinen Alltag zu bewältigen. Auf meiner täglichen Schmerzskala befinde ich mich momentan zwischen fünf und sieben.

Nicht nur dieser Teil meines Erkrankungsverlaufs, auch das Schreiben dieses Kapitels waren wie ein kleines, enges Nadelöhr für mich. Lange umkreiste ich diesen Moment. Ich brauchte viel Mut, um die Kraft zu finden, diesen Lebensabschnitt niederzuschreiben. Aber der Moment kam. Und so fädelte ich den feinen kleinen seidenen Lebensfaden meiner Perlenkette durch das schmale Nadelöhr.

Die Behörden-Box

Der Schürzengriff

Als hätte ich mit dem Überleben nicht genug zu kämpfen gehabt, gab es plötzlich eine weitere Herausforderung, die ich bis dahin völlig außer Acht gelassen hatte – die Behörden-Odyssee. Sie war das Sahnehäubchen auf dem Dessert, das mir das Leben präsentierte.

Bei einem der unzähligen Praxisbesuche sitze ich weinend bei meiner Ärztin. Mein Anspruch auf Krankengeld ist gerade ausgelaufen und meine Genesung scheint in unendlich weiter Ferne zu liegen. Ich fühle mich unter Druck gesetzt von den Versorgungsämtern. Ich leide darunter, dass ich keine klare Diagnose vorweisen kann, die eindeutig in einen Leistungskatalog passt. Ich bin ständig in Erklärungsnot und kann lediglich meine Symptome beschreiben, die ich selbst nicht verstehe. Ich bin aktenkundig schulmedizinisch austherapiert und gebe dennoch die Suche nach Antworten nicht auf. Das passiert nicht oft.

Und so sieht mich meine Ärztin ernst an und sagt folgenden Satz zu mir: „Wissen Sie, was bei Ihnen das Problem ist? Sie passen nicht in die blaue Schublade, in die alle passen. Ihre Schublade besteht aus einem hellen Grün."

Nicht in eine blaue Schublade zu passen mit meinem etwas unberechenbaren und stotternden R4, war schon für Franz und mich eine Challange. Aber bei Behörden und Ämtern löste eine solche Schubladenfarbe das reinste Chaos aus. Denn, wie und wo konnten Farbabweichungen oder auch nur Farbnuancen einsortiert und abgelegt werden? Das Beurteilen, Neuanlegen und Verwalten einer hellgrünen Schublade würde kreative und individuelle Lösungen erfordern. Vielleicht an manchen Stellen auch etwas Empathie und gesunden Menschenverstand.

***

Gut ein halbes Jahr vor dem Wunder waren all die Menschen, die uns bei den alltäglichen Dingen geholfen haben, bereits überlastet und teilweise an ihr Limit gekommen. Die Situation konnte kein Dauerzustand bleiben, wir brauchten dringend professionelle Unterstützung von außen. Die nette Dame der Krankenkassen-Hotline gab mir den Tipp, erneut einen Antrag auf Pflegestufe zu stellen. Super Idee. Freunde berichteten mir von ihren alten Eltern, die einen Pflegegrad hatten, aber noch so vieles alleine bewältigten. Die meisten konnten noch einkaufen, spazieren gehen, soziale Kontakte halten, Auto fahren oder Spieleabende bestreiten, trotzdem beanspruchten sie zusätzliche Hilfe, weil sie eben nicht mehr alles (!) selber schafften. So war ich zuversichtlich, auf jeden Fall Unterstützung zu bekommen. Während dieser Zeit hatte ich weder die Kraft noch die Energie (und auch nicht das Wissen, dass es gut gewesen wäre …), mich vor dem Antrag online näher zu informieren. Der Weg in eine Beratungsstelle war noch undenkbarer. Schließlich stand ja mein Überleben im Mittelpunkt.

Endlich war der Termin mit dem Gutachter des MDK. Ich war aufgeregt. Mit 50 Lebensjahren einen Antrag auf Pflege zu stellen, war nicht wirklich prickelnd. Zum Glück hatte meine Schwägerin Urlaub genommen und stand mir zur Seite.

Zunächst musste ich zur Einschätzung und Beurteilung einige Fragen beantworten. Danach wurde ich aufgefordert, bestimmte Bewegungen und Handgriffe zu „zeigen". (Zu diesem Zeitpunkt konnte ich mich meistens selbst duschen und anziehen. Ich konnte meine Zähne selbst putzen und meine Haare kämmen.)

Das ergab 0 Punkte.

Ich musste in der Wohnung für ein paar Sekunden laufen, sitzen und stehen. Das ging. (Ich schaffte damals nicht einmal mehr die Treppe zur Haustür, aber das war nicht die Aufgabe. An manchen Tagen musste ich das Essen im Liegen einnehmen, da ich keine Kraft mehr zum Sitzen hatte, aber essen ließ mich der gute Mann nicht. Dafür, dass alles nur noch maximal zehn Minuten machbar war, gab es leider kein Kästchen zum Ankreuzen.)

Wieder 0 Punkte.

Dann kam der Schürzengriff. Auch nach langem Grübeln hat sich mir bis heute das Geheimnis und die Bedeutung dieses Handgriffs nicht offenbart. Ich musste so tun, als ob ich eine Schürze binde. Das konnte ich. (Leider konnte ich mich weder nach links oder nach rechts beugen, geschweige denn nach unten oder vorne. Meine Fußpflege konnte ich auch nicht mehr selbst bewältigen. Dafür gab es aber keine Frage und eben kein Kästchen.)

0 Punkte.

Abschließend musste ich zeigen, wie ich meine Socken anziehe. Ich war stolz, dass ich dafür eine Lösung im Liegen gefunden hatte. Ich führte meine Technik vor und erzielte damit natürlich einen Volltreffer.

Also: 0 Punkte!

Der nette Herr meinte, es wäre besser gewesen, ich hätte mir keinen Trick überlegt. Dieses Denken und Handeln hatte ich aber noch nicht drauf. Das bedurfte noch etwas Training.

Ein großes Kapitel stellte das Thema „Depression" dar. Ich wurde gefragt, ob ich den Antrieb hätte, morgens aufzustehen. Ja klar, ich wäre am liebsten zu meiner Arbeit gesprungen und hätte da weitergemacht, wo ich hatte aufhören müssen. (Ich hatte nur einfach wahnsinnige Schmerzen und schaffte es körperlich nicht.)

Dafür gab es 0 Punkte.

Dann kam die Frage, ob ich manchmal traurig sei. Ja, das war ich tatsächlich. Wenn ich morgens schon nicht wusste, wie ich den Tag überleben sollte, dann war ich traurig und hatte Angst. Ich hatte meine Gesundheit, meine Autonomie und meine geliebten Jobs verloren. Ich weinte viel.

0 Punkte!!!

War das eine Depression oder nicht? Ich hatte so viel inneren Antrieb.

Endlich kamen wir zum Part „alltägliche Verrichtungen". Da konnte ich punkten, so dachte ich … Aber wieder Pech gehabt, dieser Bereich wurde nicht bewertet, sondern nur informativ abgefragt.

Am Ende des Gesprächs sagte der Gutachter sehr mitfühlend und wortwörtlich zu mir: „Sie passen nicht in das System. Sie sind out of the box. Das System ist vor allem für alte, pflegebedürftige Menschen erstellt, die dement sind." Er hat mir dann aus Kulanz ein paar Punkte „geschenkt". Natürlich reichten sie nicht aus. Der Pflegegrad wurde abgelehnt.

Ich bin verwirrt. Wie kann das denn sein? Was passiert denn mit all den anderen Menschen, die noch jünger und trotzdem krank sind? Gibt es da außer mir niemanden, der mittleren Alters ist und fast immer bettlägerig? Ich bin doch kein verdammtes Alien!

Ich legte Widerspruch ein. Kurz vor Jahresende lag der „bewilligte" Bescheid im Briefkasten. Ich erhielt den „Pflegegrad 1" und somit hundertzwanzig Euro zur finanziellen Unterstützung. Mit diesem „Riesenbetrag" wollten wir fremde Hilfe anfragen und so unsere Familie entlasten.

Dachten wir …, denn mit dieser Bewilligung konnte ich lediglich bei einem zugelassenen Pflegedienst vor Ort aufwarten und erfuhr, dass ich dafür ganze zwei Stunden Haushaltshilfe im Monat erhalten würde. Eine Stunde Wohnung putzen kostete also sechzig Euro! Das musste ich erst verdauen. Immerhin hatte ich die Hoffnung, dass die Pflegefachkraft meine Fußpflege übernehmen könnte. Dafür gab es jedoch beim Pflegedienst keine Leistungsziffer. Ich sollte zu einer Podologin gehen, was ich natürlich nicht konnte. Die Podologin machte allerdings auch nur Hausbesuche, wenn ein höherer Pflegegrad vorlag. Lag er nicht.

Wir schlugen uns also mit hundertzwanzig Euro durch …

***

Nach der ersten Hyperthermie war ich drei Jahre lang von erneuten Schüben verschont geblieben. Gerade als ich anfing, mich in Sicherheit zu wähnen, kroch die nächste Lähmung durch meine Wirbelsäule. Dieses Mal bekam ich die Pflege, aber ich musste meine Komfortzone wieder ausdehnen. Ich musste mich darin üben, jeden Tag von einer anderen Pflegefachkraft gewaschen zu werden – auch von einem jungen, netten Pflegeschüler. Ich gewöhnte mich mehr und mehr daran, fremde (!) Hilfe anzunehmen und irgendwann wuchs in mir eine tiefe Dankbarkeit für all die Menschen, die mir täglich mit ihren Händen und ihrer Zuversicht zur Seite standen.

Als dann sechs Monate später ein weiterer Schub kam, baten mich sowohl mein Pflegedienst als auch meine Pflegeversicherung darum, eine Erhöhung des Pflegegrades anzugehen, um das Abrechnungsprozedere zu erleichtern. Gesagt, getan. Natürlich wurde die Erhöhung abgelehnt. Auch dieses Mal mit einer Begründung, die zum Himmel schreit: Mein Krankheitsbild sei zu selten und außergewöhnlich. Als würde dieser Umstand den faktischen Bedarf auslöschen.

Mein R4 war eben doch ein Unikat.

Zusammen mit der Ablehnung erhielt ich dieses Mal einen Katalog der Maßnahmen, die zur Wiederherstellung meiner Gesundheit dienen sollten. Einige der darin enthaltenden Textpassagen waren so skurril, dass ich sprachlos war. Beispielsweise wurde mir empfohlen, an einem Entspannungstraining, wie zum Beispiel Yoga teilzunehmen. Dankbar für diesen bereichernden Tipp schnappte ich also am nächsten Morgen meine Yogamatte, schwang mich auf mein Fahrrad, radelte zum Yoga-Training und begann den neuen Tag mit Sonnengruß und Hund.

Kleiner Scherz.

Hatte ich mich bei der Begutachtung so falsch ausgedrückt?

Oder hatte ich mich verlesen?

Der zweite Vorschlag sah vor, dass ich mich für einen Kurs zur Sturzprophylaxe anmelden sollte. Sturzprophylaxe? In diesem Moment sah ich mich vor meinem inneren Auge mit einer Judorolle auf der Bodenmatte inmitten einer Gruppe von hochbetagten Frauen mit ihrem Rollator abrollen, falls ich mal wieder Probleme mit dem Gleichgewicht hätte. Mal von der Sinnhaftigkeit des Angebots abgesehen, fand der nächste Kurs über zwanzig Kilometer entfernt statt. Er fiel also sowieso weg. Ebenso der Ratschlag, zur ambulanten Schmerztherapie zu gehen. Auch dazu hätte ich (einfach nur!) zwanzig bis vierzig Kilometer anreisen müssen. Diese Möglichkeit hatte ich natürlich in den letzten Jahren bereits selbst in Erwägung gezogen, aber aufgrund der Entfernung immer wieder verworfen. Keine Behörde der Welt fühlte sich dafür zuständig, mich dort hinzubringen.

Aufgrund dieser fast schon unheimlichen Erfahrungen frage ich mich gerade, was künftig mit den momentan über 400.000 Menschen passiert, die an „Long Covid" leiden und dringend pflegerische Unterstützung benötigen? Oder die Hilfe bei der Bewältigung ihres Alltags brauchen und nicht in die Schublade der Pflegegrad-Bewertung passen? An all die anderen Menschen, die (wie ich) an anderen schweren, oftmals postviralen Erkrankungen leiden und noch immer auf der Suche nach der richtigen Diagnose sind, darf ich gar nicht denken …

Der Behindertenparkplatz

Von meinem Personalrat erhielt ich den hilfreichen Tipp, einen Behindertenausweis zu beantragen. Das könnte mir bei der Rückkehr in mein Arbeitsverhältnis nützlich sein. Wunderbar. Ich füllte also auch diesen Antrag aus und legte alle Arzt- und Klinikberichte bei.

Wer diese Anträge prüft, weiß ich nicht wirklich. Bisher haben mich schon so viele Ärzt:innen von diversen Ämtern beurteilt, aber nie hat mich jemand von ihnen persönlich gesehen, geschweige denn eigenhändig untersucht. Es fühlt sich so merkwürdig an, per Aktenlage behandelt zu werden. Ich bin ein Haufen Daten. Eine Ansammlung von Kreuzchen auf Fragebögen.

Auch bei dieser Einschätzung war das der Fall. Erst nach vielen Monaten erhielt ich tatsächlich einen Behindertenausweis: fünfzig Prozent!

Wir leben auf dem Land. Die meisten spezialisierten Fachärzt:innen oder Kliniken waren in der Regel mit einer längeren Anfahrt verbunden. Zunächst brauchte es also das passende Transportmittel. Meistens lag ich in unserem Camper, manchmal sogar im Kofferraum eines PKW, und das ist kein Scherz. Gelegentlich befand sich die Klinik oder die Arztpraxis mitten in einem belebten Viertel oder in einer Fußgängerzone einer nahe gelegenen Stadt. Natürlich gab es dann meilenweit keinen Parkplatz für unseren großen Oskar und das bedeutete für mich, dass ich genügend Kraft brauchte, um dorthin zu laufen. Um dort ein bis zwei Stunden Wartezeit auf mich zu nehmen.

Die Hoffnung war groß, künftig wenigstens auf einem Behindertenparkplatz vor der jeweiligen Arztpraxis parken zu dürfen. Selbstverständlich wäre ich zu jeder Zeit bereit gewesen, die Kosten für einen solchen Parkplatz zu bezahlen. (Ganz davon abgesehen, wäre es in meinem momentanen Stadium ein prickelnder Luxus gewesen, wieder einmal für eine Stunde in die Fußgängerzone einer

Stadt einzutauchen – nach so vielen Jahren auf dem Sofa.) Aber auch diese Seifenblase zerplatzte. Die nette Sachbearbeiterin klärte mich am Telefon darüber auf, dass ich mit diesem (!) Ausweis nicht auf einem Behindertenparkplatz parken darf.

Ich legte Widerspruch ein. Ihm wurde stattgegeben. Jetzt prangte das Merkzeichen „G" auf meinem Ausweis. Endlich konnte ich meine neu gewonnene Autonomie genießen und wieder einmal durch die attraktive Fußgängerzone laufen. Pustekuchen! Es schien mir fast wie ein Hohn, dass mir das „G" lediglich erlaubte, alle öffentlichen Verkehrsmittel im Landkreis kostenfrei zu nutzen. Ja, wie denn? Über eine Zugfahrt kann ich bis heute nicht einmal nachdenken!

Immerhin konnte ich als Alternative auswählen, einen Teil der Autosteuer erlassen zu bekommen – neunzig Euro im Jahr.

Um auf einem Behindertenparkplatz parken zu dürfen, brauchte man das Merkzeichen „AG". Um es zu erhalten, hätten sehr hohe Beeinträchtigungen vorliegen müssen, die laut Aussage der Behörde kaum je eine Person erfüllte. (Zwei meiner Freundinnen passen in dieses System. Sie sind zu hundert Prozent schwerbehindert, da sie die passende Diagnose für die passende Schublade haben. Beide können jedoch einen ganzen Tag auf sein und weite Strecken laufen.)

So zeichnete sich allmählich ab, dass es scheinbar auch im Bereich der Behindertenhilfe keine passende Schublade für postviral Erkrankte gab. Und das, obwohl die „Teilhabe am Leben" für kranke und beeinträchtigte Menschen genau an dieser Stelle angesiedelt ist. So fragte ich mich an manchen Tagen, was solche Konzepte bringen, wenn Menschen in ihrer Individualität darin keinen Platz haben?

Tatsächlich wäre es ein Geschenk gewesen, nur ein einziges Mal die Frage gestellt zu bekommen, was ich brauchen würde, um besser mit meinem Handicap leben zu können? Ich hätte darauf geantwortet: „Ich will einfach nur einen Behindertenparkplatz, den ich selbstverständlich bezahle. Und über die lächerlichen hundertzwanzig Euro Pflegegeld will ich frei verfügen, um mir eine Putzhilfe zu suchen, die öfter kommen kann als der Pflegedienst."

Die Reha und das Fax

Gab es eigentlich noch viele Menschen, die ein Faxgerät hatten? Diese Frage hatte ich mir nie zuvor gestellt. Bis der Tag kam, an dem es existenziell wichtig wurde, ein solches Gerät zu besitzen.

Auch das ist eine wahre Geschichte:

Als meine Ansprüche auf finanzielle Unterstützungen ausliefen, wandte ich mich an die Rentenversicherung. Keine Reha? Keine Rente! So lautet der Slogan, mit dem ich dort begrüßt wurde. Somit war der nächste Schritt klar. Ich hoffte, eine Reha mit gezielter Physiotherapie und erfahrener ärztlicher Unterstützung würde mir bei einer Entscheidung über meinen weiteren beruflichen Werdegang helfen.

Die erste Reha musste ich von Seiten der Krankenkasse beantragen, und zwar zu einem Zeitpunkt, an dem ich zu hundert Prozent bettlägerig war. Das Prozedere war pro forma, der Antrag wurde genehmigt. Danach musste meine Hausärztin ein Attest ausstellen, dass ich nicht transportfähig sei. Daraufhin erhielt ich ein weiteres Schreiben von der Rentenversicherung, in dem mir mitgeteilt wurde, dass die Reha abgelehnt werde aufgrund fehlender Transportfähigkeit. Mir schwirrte der Kopf. Der Sinn hinter diesem Prozess wollte sich mir nicht erschließen. Wie viele Menschen damit wohl beschäftigt waren?

Mein Wunder kroch im Schneckentempo durch die Monate.

Letztlich wurde die Rehabilitation dann doch genehmigt. Leider landete unsere Welt kurz nach dem positiven Bescheid im Schrecken der Pandemie und im ersten Lockdown. Die betreffende Reha-Klinik war stark von Corona betroffen und mein Aufenthalt wurde um sechs Monate verschoben – direkt in den zweiten Lockdown. Als Hochrisikopatientin bat ich dieses Mal um eine Verschiebung. Die Angst vor einer weiteren Infektion war zu groß. Beim dritten Versuch waren die Infektionszahlen endlich niedrig und die Reha konnte beginnen. Inzwischen war ein Jahr vergangen.

Das Anreise-Problem bestand natürlich weiterhin. Die Fahrt in die Reha-Klinik würde etwa zwei Stunden dauern. Mir wurde ein Zugticket zur Reha-Klinik zur Verfügung gestellt. (Menschen im Rollstuhl bekamen sogar eine Taxifahrt bezahlt.)

Ein „Liegendtransport" werde aber nicht bezahlt, teilte man mir ungerührt mit. Eine Ausnahmegenehmigung für Menschen in einer hellgrünen Schublade war nicht vorgesehen.

Wieder einmal war ich so froh um meinen lösungsorientierten Ehemann. Oskar war während der Winterzeit abgemeldet, daher war seine erste Überlegung, mich in der Dachbox auf unserem kleinen schwarzen Mini zu transportieren. Wir lachten einmal herzlich und haben die Idee dann verworfen. Franz telefonierte mit seiner Schwester und deren Mann, netterweise stimmten sie sofort zu, uns ihr Auto zu leihen – einen Kombi, in dem wir die Rückbank umklappen konnten. Zum Glück bin ich so klein, dass ich auf der so entstandenen Ladefläche gut Platz hatte. Als Franz mich dann zur Reha-Klinik fuhr, stellte ich erstaunt fest, dass man in liegender Position im Kofferraum eine ähnliche Perspektive wie beim Fliegen hat. Auch schön.

Voller Zuversicht klettere ich bei unserer Ankunft aus dem Kofferraum und verabschiede mich von Franz. Uns ist klar, dass wir uns aufgrund der Pandemie die nächsten vier Wochen nicht sehen dürfen. Ich merke, wie schwer es mir fällt, ihn losfah-

ren zu lassen. Mir steigen Tränen in die Augen und eine schleichende Furcht ins Herz.

Wir sind seit drei Jahren täglich in intensivem Kontakt und das gibt mir Geborgenheit. Daheim, mit Franz fühle ich mich immer in meiner sicheren Burg, und jetzt fröstelt mich bei dem Gedanken, in einer fremden Umgebung zu sein, mit fremden Menschen, fremden Tagesrhythmen. Gottseidank liegt das Gelände direkt am Bodensee, ich kann von hier aus die glänzende Wasserfläche sehen. Ich konzentriere mich auf mein heimlich gehütetes Ziel, jeden Morgen in den eiskalten See zu steigen.

Franz steigt ins Auto, ich winke ihm lange nach. Kurz danach stehe ich mit nackten Beinen im Wasser. Herrlich, Ziel erreicht!

Leider klappte das Wassertreten nur am ersten Tag. Am nächsten Morgen erfuhr ich nämlich, dass zwei Tage vor meiner Anreise eine Corona-Welle in der Klinik ausgebrochen war. Leider hatte mich niemand darüber informiert. Das Ausmaß, das hieß, die Infektionszahlen waren noch unklar, daher wurden die Maßnahmen streng verschärft und das Klinikgelände durfte ab sofort keiner mehr verlassen. Zur Kontrolle patrouillierten Mitarbeiter einer Security-Firma um das Haus. Wir waren alle vollisoliert, sogar das Essen musste auf dem Zimmer eingenommen werden.

Angst kriecht wie ein schwarzer Film durch meinen Körper. Hier fühle ich mich ganz und gar nicht sicher. Wenn ich mich anstecke, werde ich das garantiert nicht überleben! Ich weine die ganze Nacht durch. In Absprache mit allen Beteiligten breche ich die Reha ab, ich kann hier nicht bleiben. Meine Ärztinnen unterstützen mich, jetzt fehlt nur noch die Zustimmung des Rentenversicherungsträgers ...

Ich hatte Glück, am Telefon der Hotline war eine sehr nette und verständnisvolle Frau, die sich Zeit nahm, mir zuzuhören. Weinend schilderte ich ihr meine Angst und bat darum, die Reha aufgrund der akuten Corona-Lage verschieben zu dürfen. Was dann folgte, habe ich bis heute noch nicht wirklich verkraftet. Vermutlich hätte ein Komiker das Prozedere zu einer abendfüllenden Lachnummer gemacht.

Mir war nicht zum Lachen zumute.

Es gab drei Möglichkeiten: Ich erhielt zunächst eine Telefonnummer mit der Info, dass ich über diese Nummer vermutlich niemanden erreichen werde. Diese Nummer sei dauerbelegt oder niemand würde abnehmen. Ich versuchte es. Die Aussage verifizierte sich. Die zweite Chance hatte ich per Email an eine allgemeine info@-Adresse, allerdings würde ich frühestens nach fünf Tagen eine Rückantwort erhalten. Ich schickte sinnloserweise dennoch eine Mail. Die nette Mitarbeiterin teilte mir schließlich mit, dass ein Fax die einzige sichere Variante wäre, um einen direkten und persönlichen Kontakt zu einem Mitarbeiter herzustellen.

Pech, ich hatte glatt vergessen, ein Faxgerät in meinen Koffer zu packen.

Voller Verzweiflung überlegte ich, wer im 21. Jahrhundert noch ein Fax besitzen könnte? Ich schrieb Freund:innen mit der Bitte um Unterstützung an. Tatsächlich meldeten sich zwei Menschen bei mir zurück, die noch ein Fax verschicken konnten. Eine Freundin übernahm diese Aufgabe für mich. Gespannt wartete ich auf die Rückmeldung.

Am nächsten Morgen klingelte um 8.00 Uhr mein Handy. Es war eine fremde Handynummer auf dem Display sichtbar. Eine junge Mitarbeiterin des Rentenversicherungsträgers meldete sich und teilte mir mit, dass sie gerade im Homeoffice tätig sei und da leider KEIN FAX habe, um mir zu antworten. Deshalb rufe sie direkt an ...

Ich durfte die Klinik verlassen.

Mir fehlten die Worte.

Die Spitze meines zweitägigen Reha-Ausfluges stellte ein achtseitiger (!) Entlassungsbericht dar, der eine Woche später ins Haus flatterte: Die verantwortliche Ärztin der Reha-Klinik hatte ihn auf der Grundlage eines dreißig-minütigen Kennlern-Gesprächs verfasst, bei dem wir etwa die Hälfte der Zeit über die Corona-Lage in der Klinik sowie über meine Abreise diskutiert hatten. Sie habe festgestellt, dass ich zwar im Moment noch arbeitsunfähig sei, aber irgendwann (sie hat leider vergessen, das Jahrhundert zu vermerken) wieder hundertprozentig arbeitsfähig sein werde. Trotz Pflegegrad. Trotz unveränderter Einschränkungen. Trotz Liegen.

Das brachte die Konsequenz mit sich, in naher Zukunft weder krankenversichert noch pflegeversichert zu sein und kein Einkommen mehr zu haben. Mit diesem Gutachten würde ich sicher nicht berentet werden. Und „ohne Reha keine Rente" kam noch hinzu.

Ich war fassungslos.

Das Aus meiner existenziellen Lebensgrundlage hing wie ein Damoklesschwert über mir. Ich war innerlich in höchster Anspannung und Panik. Inzwischen lag mein Antrag auf Erwerbsminderung ohne Rückmeldung seit über fünfzehn Monaten beim Rentenversicherungsträger. Mir war klar, dass ich spätestens jetzt einen Rechtsbeistand brauchte, und zwar einen, der ein FAX-Gerät besaß.

Leider erhielt auch mein Anwalt trotz Fax-Empfangsbereitschaft sehr lange keine Rückmeldung. Irgendwann kam die Info, ich sollte in zwei Wochen erneut begutachtet werden – in der Praxis des Gutachters, fünfzig Kilometer entfernt, Fußgängerzone. Mein Anwalt riet mir dringend von einem Transport im Kofferraum ab.

Allein über das anstehende Prozedere könnte ich ein ganzes Buch schreiben, es war an Absurdität kaum zu übertreffen. Nach langer Diskussion durfte ich dieses Mal einen Liegendtransport anfragen. Dafür musste in der Kürze der Zeit natürlich wieder ein Antrag gestellt werden. Zum Glück übernahm mein Anwalt das Faxen der Formulare. Natürlich ging es dabei vor allem um die Frage der Kostenübernahme. Die Rentenversicherung zahlte, wenn der Gutachter dem Liegendtransport zustimmte. Der Gutachter teilte mir jedoch am Telefon mit, dass er diesen Transport auf keinen Fall bestätigen könnte, da er mich ja nicht kenne. Nach vielen Tränen und weiteren Telefonaten zeichnete sich ab, dass ich die Kosten für den Transport vorstrecken müsste. Ob ich sie erstattet bekommen würde, stand in den Sternen.

Jetzt musste nur noch das Deutsche Rote Kreuz Zeit haben.

Der nächste Berg türmte sich auf.

Die Gutachterpraxis lag in einem anderen Landkreis. Und so erfuhr ich, dass ich lediglich liegend zur Praxis hingefahren würde. Der Rücktransport müsste vom anderen Landkreis aus organisiert werden. Mein inneres Worst-Case-Szenario fuhr zur Höchstform auf. Ich sah mich nach der Begutachtung in der Fußgängerzone auf einer Parkbank liegen und auf meinen Rücktransport warten.

Tatsächlich wusste ich am Morgen des Begutachtungs-Tages weder, ob der Gutachter die Kostenübernahme unterschreiben würde noch ob und wie ich wieder nach Hause kommen würde. Franz saß auf Kohlen daheim und wartete auf meine Rückkehr. Begleitpersonen im Transportauto waren nicht erlaubt.

Es ging gut, in jeder Hinsicht. Ich traf auf einen sehr menschlichen Gutachter, der sich über vier Stunden mit meinem Fall beschäftigte. Ich erhielt von ihm selbstverständlich die Unterschrift für meinen Krankentransport und das nette DRK-Team aus meinem eigenen Landkreis hat mich sogar wieder abgeholt. Ich wusste gar nicht, warum. Das ganze Prozedere hatte mich aber vorher viele schlaflose Nächte, eine Menge Nerven und die letzte Kraft gekostet. Also alles, was ich zu diesem Zeitpunkt nicht wirklich im Übermaß besaß.

Viren lieben Stress.

Aktenzeichen XY

Die Bürokratie ließ mich immer mehr verzweifeln. Die langen zähen Prozesse und komplizierten, oft widersinnigen Anträge haben mich aufgerieben und machten mich rasend vor Wut. Es waren letztlich dann immer einzelne, einzigartige Menschen mit Empathie und gesundem Menschenverstand in den jeweiligen Institutionen, die mir Hoffnung gemacht haben und mit mir den Weg der hellgrünen Schublade gegangen sind.

Kaum jemand spricht über den emotionalen Behördenstress-Marathon und über die Entkräftung auf dem undurchsichtigen Weg durch den Verwaltungs-Dschungel, geschweige denn davon, wie man irgendwann unvermeidlich die Motivation, den Mut und die Ausdauer verliert bei der Unmenge an Anträgen und Fragen, die wieder und wieder zu beantworten und zu belegen sind – also einer nahezu tagesfüllenden Tätigkeit mit ständigen Rückschlägen. Das alles hat auf mir als immenser Druck gelastet, und wenn ich nicht schon krank gewesen wäre, dann wäre ich spätestens jetzt aufgrund der Bürokratie erkrankt – und zwar an einer Depression!

Ständig in irgendwelche Schubladen gesteckt zu werden, kann mürbe machen. Immer wieder musste ich mich dafür rechtfertigen, dass ich nicht arbeiten konnte und immer noch (!) krank war. Obendrein war immer die unterschwellige Frage zu spüren: Kann sie nicht oder will sie nicht? Ja, ich sah (wieder) super aus, ernährte mich gut und versuchte auf allen Ebenen mit meiner neuen Lebenssituation zurechtzukommen. Meine Schmerzen und die Erschöpfung waren dagegen die unsichtbaren Faktoren, um die es doch allein ging.

Es hat etwas mit meiner Würde zu tun, dass ich so enttäuscht und frustriert bin. Mit einem Mangel an Empathie und Achtsamkeit. Ich bin ein Mensch, keine Akte mit zwölfstelliger Nummer. Ich weigere mich, auf ewig von Schublade zu Schublade gereicht zu werden. Ich habe ein Herz. Ich bin kein blutloser „Fall", egal wie kompliziert die Sache bei mir auch aussieht, egal wie anstrengend Sachbearbeiter:innen oder Fachleute es auch finden, sich mit mir zu befassen. Was glauben die denn, natürlich würde ich auch lieber Feierabend haben oder Urlaub (im Gegensatz zu ihnen von meinen Schmerzen). Ich wäre

auch gerne frei und würde mich auch lie-
bend gern nicht mit ihnen beschäftigen
müssen.

Mir ist bis dahin nicht annähernd bewusst gewesen, was Bürokratie für einen kranken Menschen
und seine Familie an zusätzlicher Belastung bedeu-
ten konnte. Solche Details hatte ich bislang in kei-
nem einzigen Erfahrungsbericht gefunden. Obwohl
ich selbst zwanzig Jahre im sozialen Bereich tätig
gewesen bin und sehr viele Menschen durch den
Behördendschungel begleitet habe.

Bis vor ein paar Monaten noch kannte ich keine
einzige Institution, die mich umfassend auf diesem
steinigen Weg hätte begleiten können. Als ich die
entsprechende Beratungsstelle dann endlich gefunden hatte – ein Modellprojekt (!) –, waren bereits
alle Hürden selbst bewältigt, wenn auch auf Kosten meiner letzten Kräfte.

Während meiner Klinikaufenthalte lernte ich viele
Menschen kennen, die unter den gleichen Herausforderungen litten. Das gab mir Kraft. Irgendwann
verstand ich, dass es nicht an mir persönlich lag,
sondern dass es mich genauso wie alle anderen
erwischt hatte. Das war der „normale" Weg über

die zuständigen Behörden. Eine Umgehung oder Abkürzung ist einfach nicht vorgesehen.

Ja, die hilfreichsten Tipps bekam ich von meinen betroffenen Mitpatient:innen. Auch sie waren als „Fälle" ausgesteuert, abgestempelt und abgelegt in irgendwelchen Schubladen. Ich musste auch schmerzlich erkennen, dass zudem nicht jeder ein menschliches Netzwerk um sich herum hat, das so trägt wie meins, oder eine vergleichbare Resilienzausstattung, um mit dieser neuen und herausfordernden Lebenssituation umzugehen. Manche, die ich traf, waren regelrecht traumatisiert, was ich inzwischen sehr gut verstehen kann.

Dieser Austausch und diese Erfahrungen waren die Motivation für das Schreiben dieses Kapitel. Immer wieder fragte ich mich, wie Menschen in schwierigeren Lebenskontexten diese zu ihrem körperlichen Leiden zusätzlichen Komplikationen überhaupt bewerkstelligen können? Eine alleinerziehende Mutter oder ein Mensch, der alleine lebt? Hinzu kommt, dass auch die Angehörigen keine Kraft mehr für seitenlange Anträge haben. Was passiert mit diesen Menschen?

Bedeutet Krankheit Armut?

Nie zuvor in meinem Leben hatte ich mir Gedanken darüber gemacht, was passieren würde, wenn ich nicht mehr arbeiten könnte. Ich war überzeugt, dass ich „abgesichert" war, schließlich hatte ich bis zu meiner Erkrankung immer gearbeitet.

Ich hatte mir nie Gedanken darüber gemacht, dass man nach achtundsiebzig Wochen Erkrankung von der Krankenkasse ausgesteuert wird. Was übersetzt bedeutet, kein Krankengeld mehr zu erhalten. Ebenso war mir nicht bewusst, dass man dann Arbeitslosengeld beantragen kann, obwohl man noch in einem Beschäftigungsverhältnis steht. Diese Zwischenlösung, sie heißt im Fachjargon „Nahtlosigkeitsregelung", gilt 450 Tage für Menschen, die noch nicht wieder arbeitsfähig sind. In dieser Zeit wird geprüft, ob sie dem Arbeitsmarkt irgendwann wieder zur Verfügung stehen können oder der Weg in eine Erwerbsminderung mündet.

Erst in dem Moment, als ich ausgesteuert war, erhielt ich von der Krankenkasse die Info, dass ich mich arbeitslos melden muss. Jetzt überprüfte der medizinische Dienst der Agentur für Arbeit meine Unterlagen und Klinikberichte. Auch für diese

Begutachtung hat mich kein Arzt persönlich gesehen, untersucht oder befragt. Als die Prüfung ergab, dass ich nicht mehr arbeitsfähig bin, wurde ich aufgefordert, eine Erwerbsminderungsrente zu beantragen.

Der Höhepunkt dieses Prozederes war der Moment, als ich weder krankenversichert noch pflegeversichert war und keinen einzigen Euro mehr als Einnahme hatte. Da ich weiterhin auf Pflege angewiesen war und einen Pflegegrad hatte, musste ich mich also mit null Einkommen nun auch noch freiwillig privat krankenversichern. Niemals hätte ich gedacht, dass mir das passieren würde!

Die Dame in der Hotline der Rentenversicherung hatte recht behalten: Jetzt brauchte ich einen Ehemann mit Einkommen. Diesen Tipp hatte sie mir tatsächlich gegeben.

Somit blieb mir jetzt noch Hartz IV?

Falsch gedacht. Mein Vater hatte mir vor vielen Jahren als vorzeitiges Erbe eine sehr kleine Eigentumswohnung geschenkt, wofür ich ihm sehr dankbar war. Wenn man nun selbst in einer Eigentumswohnung wohnte und die Flächengröße als adäquat eingestuft wurde, gab es die Möglichkeit, finanzielle Unterstützung zu beantragen. Wir wohnten jedoch zur Miete und die Eigentumswohnung war als kleine Altersvorsorge gedacht. Allerdings hatte ich diese Wohnung ohnehin bereits kurz nach meinem Rückfall verkauft, weil ich damals schon die Medizinkosten in Höhe von vielen Tausend Euro nicht mehr bezahlen konnte. Mein Arbeitslosengeld lag unter dem Satz des Existenzminimums und reichte weder für meine anteilige Miete noch die entsprechende Hälfte der Alltagskosten.

Ich hatte also ein „Vermögen", was bedeutete, keine ergänzenden finanziellen Hilfen zu bekommen. Selbstverständlich fand ich es völlig in Ordnung, zuerst die Ersparnisse aufzubrauchen. Aber die Situation stresste mich unendlich. Das zurückgelegte Geld war mein Notgroschen für weitere Behandlungen, es war ja kein Ende abzusehen …

Eine Familienversicherung wäre die Lösung gewesen, wenn Franz nicht in der Schweiz gearbeitet hätte.

Ich hatte enorme Existenzängste. Nein, ich hatte absolute Panik!

Schlussendlich meinte es die Rentenversicherung doch noch gut mit mir. Kurz vor der Abbuchung des ersten Krankenkassenbeitrags musste ich erneut die Einkommensnachweise der letzten Jahre an die Rentenversicherung schicken. Und dann kam das erlösende Fax an meinen Anwalt. Ich erhielt eine befristete Rente von fast siebenhundert Euro monatlich, rückwirkend über beinahe zweieinhalb Jahre … aufgrund … der Schwere (!) meiner Erkrankung!

Wie bitte? Ich konnte es erst gar nicht glauben. Aber dann fiel mir ein Stein vom Herzen. Ich hörte ihn regelrecht auf den Boden krachen.

Es dauerte noch weitere drei Monate, bis die erste Zahlung einging. In diesem Moment stellte ich mir erneut die Frage: Wie bewältigen Menschen diese Situation, die keine finanziellen Polster und keine unterstützenden Partner:innen an der Seite haben? Wie schaffen sie das, wenn es kein stabiles Umfeld gibt?

Da meine Erwerbsminderungsrente befristet war, begann das ganze Dilemma ein paar Wochen später erneut. So langsam ging mir die Luft aus. Inzwischen wurde mir die Erwerbsminderungsrente für weitere drei Jahre bewilligt, wofür ich unendlich dankbar bin.

An dieser Stelle möchte ich in liebevoller Erinnerung die beispiellose Geschichte meiner Freundin und Lehrerin erzählen: Leider erhielt sie kurz vor ihrem 60. Geburtstag die Diagnose „Krebs". Sie war selbstständig und fiel, ebenso wie ich, in das große, schwarze Loch der Behörden. Auch ihre Unterlagen wurden medizinisch begutachtet, ohne dass je ein einziges persönliches Arztgespräch geführt wurde. Die Behörden stritten über das verbliebende Maß ihrer Arbeitsfähigkeit sowie über die Frage des Kostenträgers. In ihrem Fall war lange unklar, welches Amt denn nun zuständig wäre.

Anne ist bis auf die Knochen abgemagert, als ich sie wiedersehe. Sie ist tapfer und erzählt mir, dass sie noch stundenweise arbeitet, mit der allerletzten Kraft, die sie noch hat. Sie hat kaum noch Einnahmen und kann ihre Krankenkassenbeiträge nicht mehr bezahlen. Ihre Ersparnisse sind aufgebraucht und Freunde stecken ihr immer wieder Geld zu. Heute weiß ich, wovon sie gesprochen hat ...

In der letzten Zeit ihres Lebens haben wir ihr Essen und Lebensmittel vorbeigebracht. Sie hatte keine Kraftreserven und Ressourcen mehr, die gefühlt tausendseitigen Anträge auszufüllen und benötigte nun auch Hilfe dafür.

Als sich die Ämter zwecks Zuständigkeit nach vielen Monaten geeinigt hatten, lag Anne im Sterben. Endlich erhielt sie den Bescheid: Hartz IV! Unter der Bedingung, dass sie aus ihrer Wohnung ausziehe, die zwanzig Quadratmeter zu groß sei …

Sie zog nicht aus. Sie starb.

Die Diagnosen-Box

Bin ich ein Alien?

Permanent war ich auf der Suche nach der richtigen (erlösenden) Diagnose und der damit verbundenen Behandlungsstrategie. Aber sie kam nicht. Dafür habe ich in den letzten Jahren so viele Fehl- oder Nebendiagnosen erhalten, dass ich sie kaum noch zählen kann. Als die Diagnosen-Box auf die Behörden-Box traf, wurde die Situation zu einem zermürbenden, skurrilen Spektakel. Zweimal lag ich im Sterben, zweimal war ich schulmedizinisch austherapiert.

Ständig streckte ich mich aus nach dem letzten Strohhalm. Was hatte ich noch nicht ausprobiert? Wo konnte ich noch weitere, andere medizinische oder therapeutische Hilfe bekommen? Irgendwann kam ich auf die Idee, naturheilkundlich orientierte Schmerzkliniken zu suchen. In diesen Kliniken wird ganzheitlich behandelt: naturheilkundlich, schulmedizinisch und psychotherapeutisch.

Voller Hoffnung stellte ich neue Anträge.

Tiefe Verzweiflung und Ohnmacht machen sich breit. Ich halte die Ablehnungen der

Kliniken in der Hand. Die Begründung lau-
tet: „Sie müssen in der Lage sein, den gan-
zen Tag auf den Beinen zu sein, um an den
Therapien teilzunehmen." Das ist nicht an-
nähernd der Fall, ein ganzer Tag? Was
heißt das, acht Stunden? Wenn ich acht
Stunden stehen könnte, könnte ich auch
acht Stunden arbeiten und bräuchte dort ja
nicht hinfahren. Das Telefon klingelt, der
Chefarzt einer der Kliniken ist dran und
möchte sich persönlich nach meinem Zu-
stand erkundigen. Er sagt, er würde mir
gerne helfen, aber er könne leider keine
Ausnahme machen ... Nein, eine Alternati-
ve kennt er leider auch nicht. Er wünscht
mir gute Besserung.

Da meine Schmerzen chronisch waren, passte ich
nicht in ein Krankenhaus für Akutpatient:innen. In
eine Reha passte ich nicht, da ich nur liegen konnte. Dasselbe galt also für Schmerzkliniken. Und
jetzt?

Ich hörte es leise knacken.

Mein Strohhalm zerbrach.

Welche Diagnose darf es denn nun sein?

In den ersten Jahren meiner Erkrankung sind einige Ereignisse und Wechselwirkungen parallel zu betrachten, was mir erst rückblickend klar wurde. Die Zeckenbisse sind damals nie mit „Borreliose" in Verbindung gebracht worden. Diese Erkrankung war einfach noch zu unbekannt. Weder ein Arzt noch ich kamen auf die Idee, in diese Richtung zu forschen. Das war die Zeit kurz vor meiner Nepalreise.

Für diesen Fernurlaub benötigte ich einige Impfungen und im Zuge dessen entwickelte sich plötzlich ein dicker Knoten am Hals. Zunächst stand der Verdacht auf Schilddrüsenkrebs im Raum – die Erkrankung, an der meine Oma ein paar Jahre zuvor gestorben war. Eine Punktion ergab, dass ich eine Schilddrüsenentzündung hatte: „Thyreoditis de Quervain". In diesem Kontext wurde ich zum ersten Mal mit Cortison behandelt. An die Höhe der Dosis kann ich mich nicht mehr erinnern. Nur daran, dass mein Stoffwechsel über Monate hinweg verrückt gespielt hat. Wir mussten unsere Reise verschieben.

Nach dem Urlaub, in dem ich meine erste Nahtoderfahrung hatte, erlitt ich den bereits beschriebenen schweren Infekt mit hohem Fieber, der sich über sechs Wochen hinzog. Meine damalige Ärztin behandelte mich auf „Grippe" (also gar nicht).

Als ich Wochen später noch immer nicht auf die Beine kam und permanent Kopfschmerzen hatte, musste ich ins MRT, um einen „Gehirntumor" auszuschließen. Die anschließende Vermutung, ein solcher Tumor könnte noch zu klein oder zu versteckt sein, um nachgewiesen zu werden, hatte zur Folge, dass ich – solange er nicht sichtbar würde – auf „Migräne" behandelt wurde.

Als die Migränemittel keine Besserung brachten, plädierte meine Ärztin auf „Psychosomatische Störungen". Ich machte ich eine zweijährige Therapie. Ja, es gab einige Traumata aufzuarbeiten, aber am Kopfschmerz änderte sich nichts. Im Gegenteil, er wurde schlimmer und die Erschöpfung tiefer. Auch meine Konzentrationsstörungen hielten an.

Zwei Jahre später diagnostizierte ein Heilpraktiker eine „EBV-Viren-Infektion" und mein Hausarzt äußerte den Verdacht auf eine „Borreliose".

Ein Zahnarzt hatte die Idee, die Schmerzen könnten eventuell mit dem Kiefer zusammenhängen.

Und so wurde ich von einem Masseur an meinem Schädel und direkt in der Mundhöhle behandelt. Nach der dritten Behandlung bekam ich den ersten schweren Schub. Es wurde eine „Gehirn- und Hirnhautentzündung" diagnostiziert als „Postvirale Folge des EBV-Virus".

In dieser Zeit wurde ich mit hochdosiertem Cortison behandelt, mit Betablockern, Antidepressiva, Opioiden, antientzündlichen Mitteln und mit Antiepileptika gegen die Nervenschmerzen. Von einer Liquorpunktion riet mir meine Ärztin damals ab. Sie wollte mir nicht noch mehr Schmerzen zumuten. Sie meinte bereits damals, ich sei schulmedizinisch austherapiert und es gäbe sowieso keine Medikamentengruppe mehr, die mir helfen könnte. Das bestätigte auch der zwanzigköpfige Schmerztherapeuten-Kongress, vor dem ich vorgestellt wurde.

Am laufenden Band

Zum Glück bin ich nicht der Idee des Kongresses gefolgt und habe mich nicht ins „Künstliche Koma" legen lassen. Ich entschied mich für die tiefe „Neuraltherapie". Die Spritzen in den Kopf haben mich durch die schwerste Zeit und wieder zurück ins Leben gebracht. Leider ist mein Arzt mittlerweile über achtzig Jahre alt und arbeitet nicht mehr. Die Schmerzklinik war spezialisiert auf Migräne und wollte von meinen Viren nichts hören.

Nach einer langen Behandlungs- und einer Wiedereingliederungszeit war ich nach über einem Jahr wieder arbeitsfähig und konnte zurück ins Berufsleben. Der Grad der Erschöpfung besserte sich über die Jahre und meine Kraft kam zurück. Auch die intensiven Kopfschmerzen ließen nach, obwohl der Dauerkopfschmerz hinter meinem rechten Auge blieb.

Nach der Parodontosebehandlung (da werden viele Bakterien freigesetzt) lag ich erneut sechs Monate im Bett. Damals bekam ich die Diagnose „Rezidivierende Meningoencephalitis".

Als 2010 meine Gebärmutter entfernt wurde, gingen die Schübe mit den Lähmungen los. Eine Totaloperation ist natürlich ein Stressfaktor für den Körper und vermutlich waren die Infusionen mit einer hohen Dosis Antibiotika gespickt.

Nach der ersten Lähmung war ich erneut im MRT sowie bei mehreren Orthopäden, Osteopathen und Physiotherapeuten. Es haben sich kleine „Bandscheibenvorfälle" gezeigt und eine „Degenerative Wirbelsäule". Die Ärzte waren sich einig: Davon kann so ein Schub nicht kommen.

Aber was ist es dann?

Dieses Mal stand der Verdacht auf „Multiple Sklerose" im Raum. Auch wenn ich viele Symptome einer MS habe, konnte zu keiner Zeit ein Herdgeschehen im Gehirn oder Rückenmark nachgewiesen werden.

Irgendwann waren wir bei einem Arzt in Mannheim, der sich scheinbar mit außergewöhnlichen Erkrankungen auskannte. Auch er nahm einige Kanülen Blut ab und diagnostizierte eine starke „Schwermetallbelastung" durch Quecksilber und eine dadurch ausgelöste „Mitochondriopathie".

Wieder ein Hoffnungsschimmer.

Zu dieser Zeit hatte ich den ganzen Mund noch voller Amalgam. Ich ließ die Füllungen entfernen und leitete Quecksilber aus. Es war ein hartes und anstrengendes Jahr, in dem ich Berge an Chlorella, Koriander und Bärlauch zu mir nahm. Danach fühlte ich mich tatsächlich etwas besser. Meine Konzentrationsfähigkeit kam zurück, die Kopf- schmerzen wurden besser und ich fühlte mich kräf- tiger. Erst seit zwei Jahren weiß ich, dass EBV- Viren und Borrelien Quecksilber lieben und gerne in Symbiose miteinander leben.

Auch „Streptokokken" lieben diesen Erreger-Mix, was mein Blutbild bestätigt. Streptokokken können ein Hinweis auf ein chronisches Herdgeschehen sein. Ich glaube ja bis heute, dass die Gehirn- und Hirnhautentzündung einen chronischen Herd hinter meinem rechten Auge hinterlassen hat.

Zusätzlich hat sich der „Varizella Zoster Virus" bei mir eingenistet.

Ein weiterer „Zeckenbiss" löste im Sommer 2018 den nächsten Schub aus. Ich hatte neurologische Ausfallerscheinungen. Manchmal spürte ich Teile meines Beines oder meiner Arme nicht mehr. Mein Bauch und das Becken fühlten sich dick geschwol- len und entzündet an. Eine „Neuropathie"? Oder eine „Fibromyalgie"? In der Borreliose-Klinik lag der Schwerpunkt auf den Zeckenbissen. Der Virus wurde nachgeordnet behandelt.

Irgendwann habe ich die Diagnose „Radikulopathie" erhalten, also einer Nervenwurzel-Entzündung durch Viren und/oder Bakterien.

Später wurden eine „Silent Inflammation", ein „Leaky Gut" und eine „HPU" diagnostiziert.

> *Warum kann ich nicht mehr sitzen, laufen oder stehen? Warum kann ich nicht mehr auf dem Bauch liegen, Radfahren oder schwimmen? Warum kann ich nicht mehr arbeiten? Warum geht das alles nicht mehr? Ich bin so verzweifelt. Mein Leben ist leer und dunkel geworden.*

Natürlich wurde jetzt auch noch eine handfeste „Depression" diagnostiziert. Mir war permanent übel, ich litt unter Brainfog und Merk- und Konzentrationsstörungen, konnte nicht mehr schlafen, war erschöpft und dennoch im Dauerstress.

Der magische Code: ME/CFS

Franz macht den Fernseher an. Eckart von Hirschhausen berichtet gerade von den ersten Long-Covid-Fällen, die in der Rehaklinik in Heiligendamm behandelt werden. Erst lauschte ich ein wenig, dann werde ich hellhörig und innerhalb von Sekunden bin ich hellwach. Alle interviewten Menschen berichten von ähnlichen Symptomen, wie ich sie habe. Auch sie können sich kaum noch auf den Beinen halten und haben starke Schmerzen.

War ich doch kein Alien?

Hoffnung flammte auf.

Ehrlich gesagt, bin ich der Corona-Pandemie dankbar. Durch die ansteigenden Long-Covid-Fälle wurden sowohl die Medien als auch die Mediziner:innen auf dieses Phänomen aufmerksam. Podcasts, Online-Fortbildungen, Fernsehsendungen und Zeitungsberichte häuften sich. Eines Tages schickte mir meine Freundin per WhatsApp einen Zeitungsbericht mit der Überschrift: „ME/CFS". Das heißt übersetzt: „Myalgische Enzephalomyelitis/Chronical Fatigue Syndrom. Ich hatte noch nie davon gehört. Ein Teil der Long-Covid-Patient:innen litten unter dieser Erkrankung.

Als ich den Artikel las, rollten Tränen über mein Gesicht …

Plötzlich passten meine Symptome in eine Schublade, meine Erkrankung bekam einen echten Namen und ein Gesicht.

Hauptverursacher einer ME/CFS ist das „Epstein-Barr Virus" – ich begrüßte das Virus, das mich seit über zwanzig Jahren begleitete. (Meist beginnt die Erkrankung mit einer Autoimmunreaktion der Schilddrüse.)

***

Heute habe ich die Diagnose „CFS". Wenn die Symptome eines CFS länger als sechs Monate andauern, spricht man von ME/CFS. Aber die Sache hat einen Haken: Es gibt weder Behandlungsstrategien noch Medikamente, also keine heilenden Therapien. Die Erkrankung kann außerdem weder mit der vorhandenen Gerätemedizin noch labortechnisch gemessen oder nachgewiesen werden. Es gibt jedoch einen eindeutig definierten Symptomenkomplex, durch den sich ME/CFS klar diagnostizieren lässt: Dazu gehört eine Störung des Kreislaufs im Stehen oder Sitzen (Orthostatische Intoleranz). Bingo! Ebenso Kopfschmerzen, Muskel- und Gelenkschmerzen, Konzentrations- und/oder Wortfindungsstörungen (Brainfog) sowie eine schwere Fatigue. Auf der Liste waren auch meine Schlafstörungen zu finden, meine geschwollenen Lymphknoten sowie das Krankheitsgefühl wie bei einer schweren Grippe. Es war auch von Nahrungsmittelunverträglichkeiten zu lesen sowie von einem Mastzellaktivierungssyndrom, das hieß, überschüssiges Histamin im Körper.

Das waren meine (!) Symptome!

Warum wusste niemand davon?

Als ich weiter recherchierte, stieß ich auf das Leitsymptom dieser Erkrankung. Es heißt „Post-Exertional Malaise".

Ich weinte.

Bei Menschen mit ME/CFS kommt es nach kognitiver oder körperlicher Belastung zu einer massiven Verschlechterung der Symptomatik sowie zu einer rapiden und gravierenden Reduktion des Funktionsniveaus (https://www.mecfs.de/). Das heißt übersetzt: Ein kurzer Spaziergang, einfaches Sitzen, das Lesen eines Buches, ein Gespräch, sogar Zähne putzen oder kleine Tätigkeiten im Haushalt können zu einem massiven Rückfall führen.

Es ist wie bei mir, nach drei Minuten staubsaugen. Danach breche ich auf dem Sofa zusammen. Oder wenn ich auf meinem Spaziergang auf den letzten Metern noch jemanden treffe und fünf Minuten plaudere. Dann liege ich anschließend vierundzwanzig Stunden im Bett. Minuten, nicht Stunden! Ich stelle mir das vor, bei schwer betroffenen Menschen genügt bereits das Anheben des Kopfes ... Mein Gott! Zum ersten Mal, nach über 20 Jahren, fühle ich mich verstanden. Meine Seele wird still. Demut breitet sich aus. Ich lege mein Schwert auf den kalten, steinigen Boden. Es war die falsche Waffe. Ich brauchte es nicht mehr. Mein Körper braucht Liebe, kein weiteres

Antreiben, kein Trainieren, kein Zähne-zusammen-beißen. Meine Seele braucht Geduld und Frieden ... und noch mehr Dankbarkeit für das, was wieder geht ...

Bei meiner weiteren Recherche begegneten mir die Begriffe „Crash" und „Pacing". Crash beschreibt den Moment der Überforderung. Also das, was passiert, wenn ich über meine Grenzen gehe. Die Situation, in der außer Liegen und Atmen nichts mehr geht. Und das über Stunden oder Tage. Pacing beschreibt das Haushalten mit den eigenen Ressourcen. Also diesen Teil in mir, den ich so oft missachtete. Andauernd trieb ich mich an, kämpfte über meine Kraft hinaus, und ignorierte meine persönliche Grenze.

Als ich dieses Phänomen verstanden hatte, stellte ich mein Leben um. Es funktionierte oft, aber nicht immer. Jeder Tag forderte mich neu heraus. Schaffte ich mein inneres Pensum heute und achtete ich ausreichend auf meine Kräfte?

Nicht jeder Tag war gleich.

Das Fatale daran war, dass die meisten Reha-Kliniken oder Physiotherapie-Praxen dieses Wissen nicht zugrunde legten. Von so vielen Patient:innen hatte ich gehört, dass sie durch die Teilnahme an einer Rehabilitationsmaßnahme einen totalen Zusammenbruch erlitten hatten. Ich verstand nun, dass es mir nichts half, sinnbildlich täglich am Gras zu ziehen, damit es schneller wächst. Es war genau das Gegenteil der Fall. Wieder waren es meine Mitpatient:innen, die mich auf dieses Wissen aufmerksam gemacht haben.

In vielen gängigen schulmedizinischen Praxen ist es noch immer so, dass das EBV-Virus als harmlos abgestempelt wird. In diesem Kontext zählt die an der Uni erlernte Aussage, dass es eine 98-prozentige Durchseuchung in der Gesellschaft gibt und Pfeiffersches Drüsenfieber auslöst, das folgenlos wieder abheilt. Das ist laut meinen Ärztin:innen das, was bis heute in einem Medizinstudium vermittelt wird. Und so erfuhr ich, dass dieses Krankheitsbild nicht nur kaum erforscht, sondern auch vielen Mediziner:innen absolut unbekannt ist.

Prima, vielleicht hätte ich doch besser Lotto spielen sollen? Das war ein klarer Sechser. Jetzt habe ich eine Schublade für meine Symptome gefunden, sie ist auch beschrif-

tet. Aber wenn ich sie öffne, blickt mir eine
gähnende Leere entgegen ...

Was genau im Körper oder in den einzelnen Organen passiert, ist im Detail noch lange nicht erforscht. Frau Doktor Scheibenbogen von der Charité in Berlin, eine Expertin auf diesem Gebiet,
sagte vor ein paar Wochen in einem Zoom Call,
die Betroffenen sollten sich noch drei bis fünf Jahre gedulden. Dann müsste die Wissenschaft so weit
sein.

Momentan ist die Rede von Autoimmunprozessen,
von chronischen Entzündungen durch die Zerfallsprodukte der Viren und von Mikroembolien in den
Gefäßsystemen. Vielleicht bestätigt sich ja nun
doch mein Verdacht eines Infarktes, denn es fühlt
sich so an, wenn ich einen Schub habe. Oder die
Zerfallsprodukte entzünden tatsächlich meine Rückenmarksnerven so sehr, dass es kurzfristig zu
einer Lähmung kommt.

Es gibt aber auch laufende Forschungen, die untersuchen, ob ME/CFS genetische Ursachen haben
kann. Vielleicht ist meine Erkrankung also doch
ein „Erbstück" meiner Uroma. Inzwischen gibt es
auch Studien, die nachweisen, dass das EBV-Virus

Auslöser einer Multiplen Sklerose sein kann. Auch das würde mich nicht wundern.

Forscher der Universität Aalborg haben in einer Studie die Lebensqualität von Betroffenen verschiedener chronischer Krankheiten untersucht. Ausgerechnet bei Menschen mit ME/CFS ließ sich aufgrund der Schmerzsituation und all der körperlichen Einschränkungen feststellen, dass die Lebensqualität im Vergleich am niedrigsten war, auch noch niedriger als beispielsweise bei Menschen, die an Multipler Sklerose oder Krebs litten. Als ich das gelesen habe, musste ich an die Behörden-Box denken und an all die über 250.000 Menschen, die ebenso wie ich von dieser Erkrankung betroffen sind. So wenige sind das doch gar nicht! Ob man sie wohl mit der Gymnastikmatte unter dem Arm auf dem Weg zum Yoga-Studio trifft? Oder ob inzwischen täglich ME/CFS-Leute vor dem Klinik-Eingang aus dem Kofferraum klettern?

Ein paar weitere Phänomene

Ich lerne eine junge Frau kennen. Den Kontakt zwischen uns hat eine Freundin hergestellt. Wir telefonieren lange. Sie weint bitterlich. Auch sie kennt alle meine Symptome aus eigener Erfahrung. Die Schlaflosigkeit ist bei ihr am stärksten ausgeprägt. Über Monate hinweg habe sie nächtelang wach gelegen und war schon ganz verzweifelt. Ihre zwei Kinder brauchen sie doch ... Sie sei in die Psychiatrie gekommen, das sei ein Trauma gewesen.

Nach unserem Telefonat hatte diese tapfere Frau einen Termin in der Charité in Berlin. Sie leidet unter ME/CFS.

Diese Diagnose dann auch offiziell zu bekommen, war für mich die nächste zu bewältigende Irrfahrt. Ich kann nicht mehr zählen, bei wie vielen vielen (Fach)Ärzt:innen, Naturheilkundler:innen und Heilpraktiker:innen, sonstigen Alternativheiler:innen, Schaman:innen und Therapeut:innen ich im Laufe der letzten zwanzig Jahre gewesen bin und wie viele Mittel, Medikamente und Therapien ich ausprobiert habe. Geschweige denn, wie viel Geld ich investiert habe – die kleine Eigentumswohnung steckt in jedem Fall als Reparaturkosten-Kontingent in meinem „R4".

Neben dem EBV-Virus können übrigens noch andere Viren, wie zum Beispiel Grippe- oder Corona-Viren, aber auch ein Halswirbelsäulentrauma oder psycho-traumatische Erlebnisse Auslöser für ME/CFS sein. Die Ursachenlage ist derart komplex, dass sich eine Diagnostizierung mehr als nur schwierig gestaltet. Und da die Erkrankung bis heute nicht nur im Medizinsystem weitgehend unbekannt ist, sondern auch bei sämtlichen Behörden, kann es dazu kommen, dass viele Betroffene unter immensen Druck geraten, ihre Krankheit selbst nachweisen und beweisen zu müssen.

Ich bin verzweifelt, wie kann ich denn jemals beweisen, dass meine Symptome tatsächlich da sind? Wie soll ich anderen erklären, was da gerade in meinem Körper passiert, wenn ich es selbst nicht verstehe? Dieses mysteriöse „Es" ist nun mal nicht sichtbar, nicht messbar. Genügt es denn nicht, dass sie existieren? Natürlich spricht es niemand aus, aber um es vorwegzunehmen, nein, ich bin keine Simulantin, wenn das die Frage ist ...

Den meisten von uns passiert es, dass wir von einem Facharzt zum nächsten gereicht werden und jede Fachärztin dann lediglich wieder bloß ihre Schublade im Visier hat.

Da gibt es beispielsweise die Rheumatologie, die Orthopädie, die Schmerzmedizin, oder auch die große Welt der Inneren Medizin, in der nach Darm, Leber oder Niere geschaut wird. Manchmal kommt dann noch die Kardiologie hinzu und natürlich spielt die Neurologie eine ernste Rolle, irgendwann dann die Psychologie oder sogar die Psychiatrie.

Wer Glück hat, landet in der Immunologie, wo bereits Fachwissen vorhanden ist.

Und wer noch mehr Glück hat, hat so eine tolle Hausärztin wie ich, die empathisch ist und ein Verständnis von der Komplexität chronischer Schmerzen und dem Fatigue Syndrom hat. Wer wirklich so viel Glück hat wie ich, hat eine Hausärztin, die in der Lage und Willens ist, die medizinischen Einzel-Gutachten sinnvoll zusammenzuführen, um überhaupt eine Chance auf die notwendige interdisziplinäre Auswertung all dieser Ergebnisse zu haben.

Meistens wird der Körper nämlich in medizinische, klinische Einzelteile zerlegt und ein Gesamtbild ist dann nicht mehr möglich. Ganz abgesehen davon, dass die Gesamtsituation des betroffenen Menschen – als einzigartiges Individuum – in keiner Form Raum, Begleitung oder Verständnis findet. Eine Ärztin, die sich auf die Bereiche „Schmerzen", „Fibromyalgie" und „Chronische Infektionen" spezialisiert hat, öffnete mir dahingehend einmal die Augen, indem sie mir erzählte, es würde durchschnittlich sechs bis zehn (!) Jahre dauern, bis Menschen mit diesem komplexen Krankheitsbild die richtige Diagnose erhalten. Inzwischen ist mir bekannt, dass viele Menschen mit ME/CFS freiwillig aus dem Leben scheiden, weil sie genau das nicht mehr ertragen. Ich war ja selbst schon fast in der Schweiz …

Das wirklich Schlimme ist: Manchmal finden Betroffene nicht einmal in ihrer Familie oder in ihrem Freundeskreis das nötige Verständnis.

Ich schaue mir eine Videosequenz während eines Online-Kongresses an. Ein kleines Mädchen, vielleicht sechs oder sieben Jahre alt, sitzt erschöpft auf dem Praxisstuhl. Sie ist schulmedizinisch austherapiert, leidet an chronischen Infektionen. Der Arzt rutscht liebevoll mit seinem Stuhl an das kleine Mädchen heran und fragte es: „Bist du das, was da gerade in deinem Körper passiert, kennst du dich so?" Das kleine Mädchen antwortete intuitiv, so wie Kinder es tun: „Nein, das bin ich nicht, das ist etwas anderes in meinem Körper ..."

Diese Szene ging mir unter die Haut. Die Frage des Arztes implizierte für mich Respekt, Achtung, Würde und Empathie und ein wirkliches Hören der Not der kleinen Patientin. Häufig passiert jedoch etwas ganz anderes in der regulären ärztlichen Praxis. In meinem Fall folgte in den letzten zwanzig Jahren auf die Schilderung meiner Symptome öfter schon mal die Aussage: „Nein, das kann nicht sein!" Das waren die Momente, die mich beinahe vor Wut platzen ließen.

Als ich damals über zehn Kilo abgenommen hatte und nur noch um mein Überleben gekämpft habe, sah ich bei jedem Besuch die Erschütterung über mein Aussehen in den Augen der Menschen. Später hat sich das umgedreht, als ich meine Ernährung umstellte, alle Medikamente absetzte und über ein paar Monate hinweg wieder an Gewicht zunahm. Inzwischen sehe ich wieder richtig gut aus. An manchen Tagen habe ich sogar Lust, mich schön zu machen. Dann ziehe ich einen neuen Rock an, benutze den Lippenstift und koste meinen halbstündigen (!) Spaziergang ins Dorf so richtig aus.

Dann tritt aber das nächste Phänomen in Kraft:

Die meisten Menschen, die ich kenne und die an CFS leiden, tun in der Regel alles, um wieder gesund zu werden, (sofern man dafür etwas tun kann ...). Auch sie sehen oft richtig gut aus und es ist ihnen fast nichts anzusehen – kein Arm ist im Gips, keine Ausschläge ruinieren das Gesicht ... Und so kann es passieren, dass sie – genauso wie ich – auf dem kurzen, anstrengenden Spaziergang angesprochen werden: „Mensch, du siehst ja richtig super aus, wann gehst du endlich wieder arbeiten?" Wie lautet dann die Antwort? „Der 700-Meter-Spaziergang ist das Einzige, was ich an diesem Tag geschafft habe"?

Auch das macht Stress. Sozialen Stress.

Wahrscheinlich meinen die anderen es gar nicht so, aber das innere Mindfuck-Karussell springt sofort an. Ich habe ja selbst permanent mit meiner Arbeitsunfähigkeit gekämpft. Manche meine Mitpatient:innen haben mir erzählt, dass sie sich aufgrund solcher Vorkommnisse lange schon nicht mehr auf die Straße trauten. Sie hätten Angst vor kompromittierenden Situationen und würden sich nur noch mehr in die Isolation gedrängt sehen. Auch das macht mich nachdenklich. Wie kann ich damit besser umgehen?

Und das ist nicht die einzige Unsicherheit, die mir geblieben ist: Nach zwanzig Jahren endlich eine Schublade gefunden zu haben, in die alle Symptome passen, ist heute immer noch verwirrend. Von Anfang an spürte ich eine deutliche Skepsis. Würde diese Diagnose eines Tages auch wieder von einer neuen abgelöst werden? War, bin ich jetzt „angekommen"? Und wenn ja, was nützt es mir, wenn es keine Möglichkeiten der Behandlung gibt?

Ja, es fühlt sich gut an, kein Alien mehr zu sein.

Ja, es ist ein Geschenk, mich mit betroffenen Menschen auszutauschen. Das tut meiner Seele gut. Da muss ich mich nicht erklären, sondern werde verstanden.

***

Irgendwann stolperte ich über das hilfreiche Buch „Mediale Medizin" von Anthony Williams. Er hat dem EBV-Virus ein ganzes Buch gewidmet. Auch die Vorträge und das Buch „Energy – Wege aus dem Müdigkeitslabyrinth" von Dr. med. Anne Fleck halfen mir sehr. Und ich bekam durch meine Mitpatient:innen Hinweise auf unterstützende Online-Veranstaltungen. Dort stieß ich auf Vorbilder. Ich sah und hörte Menschen, die ebenso wie ich bettlägerig waren, austherapiert. Manche saßen im Rollstuhl. Sie hatten es geschafft und sind wieder gesund geworden. Noch nie im Leben hatte ich Vorbilder. Aber diese Erfolgsbiografien ermutigten mich und richteten mich auf.

Daran wollte ich glauben.

Die Zuversicht sollte meine Begleiterin bleiben.

Ich stellte meine Ernährung um und „baute" meinen Darm wieder auf. Mir tut es heute immer noch gut, mich mit biologischen, frischen, natürlichen und antientzündlichen Lebensmitteln zu verwöhnen. Es ist eine Lebensphilosophie geworden. Mein R4 reagiert sofort, wenn ich etwas gegessen habe, das nicht gut für mich ist. Dann steigt der Schmerzlevel, der Brainfog verstärkt sich und meine Erschöpfung wird um ein Vielfaches tiefer.

Ich habe auch gelernt, dass das Thema „Histamin" in meinem Leben eine große Rolle spielt. Meine kleinen, regelmäßigen Spaziergänge dienen dazu, mich mit Wildkräutern von Feld, Wald und Wiese zu versorgen. Unser Essen ist seither immer bunt. Oft sind kleine Blütenblätter zwischen dem Gemüse zu finden. In jeder Mittagspause lege ich mich auf einen duftenden Bienenwachswickel. Mir tut die Wärme gut. Manchmal mache ich einen Ingwerwickel oder einen Leberwickel. Zweimal im Jahr gehe ich in die Hyperthermie. Ich probiere ständig neue naturheilkundliche, homöopathische oder orthomolekulare Mittel aus.

Mal hilft etwas

Mal wirft es mich wieder zurück.

Derzeit nehme ich ein Enzym zur Blutverdünnung ein. Das hilft mir sehr gut. Und ich binde mit medizinischer Heilkohle die Toxine in meinem Körper. Das hilft mir gegen den Brainfog und die Schmerzen.

Ich gehe viel in unsere hauseigene Sauna, die uns unsere tollen Vermieter jederzeit zur Verfügung stellen.

Übe mich in Atemtechniken.

Tägliche Meditationen.

***

Das alles gehört zu meinen Säulen. Neben Franz. Und all den lieben Menschen, die mich auf meinem Weg begleiten. Ohne sie wäre ich nicht mehr.

Nein, ich bin noch lange nicht gesund und an manchen Tagen geht es mir noch immer hundeelend. Aber ich kann inzwischen wieder drei Kilometer laufen und immer öfter länger als ein bis zwei Stunden am Tag auf sein. Das ist herrlich. In diesen Momenten weiß ich, dass mich meine eigene, intuitive und ausdauernde Suche nach Lösungen eben doch ein Stück weiterbringt.

Mein Herz schlägt jetzt wieder normal. (Was ist schon normal?) Ich fühle mich

sehr viel ruhiger, seit ich die Diagnose ha-
be. Ist die Suche jetzt zu Ende? Sie ist na-
türlich nicht zu Ende, denn irgendwas fehlt.

Ich schließe die Augen und stelle mir die
Prognose vor: Ein Leben lang fast nur lie-
gen? Das inspiriert mich nicht, das prickelt
einfach nicht, das ist nicht kreativ. Ver-
dammt, das kann doch jetzt nicht schon al-
les sein? Wie kann ich mit meinem Handi-
cap weiterhin am Leben teilnehmen? Ich
kann noch nicht mal mehr ins Kino gehen
oder mich auf einer Vernissage blicken las-
sen. Ich kann nicht mehr Sport machen
oder einfach mit meiner Freundin ein Eis
essen gehen.

Ich öffne die Augen und weiß es: Mir fehlt
eine neue Vision, eine neue Berufung. Aber
wie finde ich die in der Waagerechten?

Das Leben kribbeln spüren

Hüterin von Trauma und Tod

Für mich ist Heilung ein Prozess auf vielen Ebenen. Da gibt es nicht „die eine Pille", die hilft, oder den roten Knopf, der gedrückt werden kann. Das wäre zwar schön, aber so einfach scheint es weder bei mir noch bei meinen Mitpatient:innen zu sein. Heilung ist für mich ein lebendiger, schöpferischer und kreativer Prozess, den jeder Mensch auf eine einzigartige Art und Weise erlebt. Meine Genesung verläuft vermutlich ganz anders als die eines anderen Menschen. Ich bin bis heute auf einem vielschichtigen Heilungsweg – mal betrifft ein Abschnitt das Körperliche, mal das Seelische. Mal geht es um Gefühle, mal um meine spirituelle Entwicklung. Irgendwie fühlt sich dieser Weg wie ein Teppich an. Es gibt so viele Fäden und Farben, die mein ureigenes Heilungsmuster ergeben.

Und dann steht ja noch die Frage im Raum: Was ist das überhaupt: gesund sein, heil sein? Vielleicht liest sich das seltsam, aber ich fühle mich trotz der starken Schmerzen an vielen Tagen innerlich so heil wie nie zuvor in meinem Leben. Ich bin doch so viel mehr als mein Körper. Ich bin auch all das,

was ich fühle und denke, was meine Seele aus-
macht und meine geistige Natur. Heil zu sein hat
für mich etwas mit „heilig" zu tun. Genesung,
ganzheitlich gesehen, ist ein heiliger Prozess, der
zu mir selbst führt, zum Leben, zu Gott hin, zu
meiner Quelle.

Aber ich fühle mich eben auch so traumatisiert wie
nie zuvor in meinem Körper. Die Schmerzen, die
Endlichkeit, die Ohnmacht und die Angst fordern
mich jeden Tag neu heraus.

***

Mein Wunder hatte einen anderen Zeitplan als ich.
Mein R4 schnurrte zwar wieder, fuhr aber, jenseits
aller Porsche-Fahrwerk-Vorstellungen, immer noch
langsam auf dem Seitenstreifen des Lebens, im
Schneckentempo und mit vielen Pausen.

Seelisch fühlte ich mich in den ersten Monaten
nach der Hyperthermie vor allem getragen von
Dankbarkeit und beflügelt von der Schönheit des
Lebens an sich. Nach der langen Zeit im Bett und
der erfahrenen Todesnähe erschien mir alles ein-

fach nur magisch. Lediglich die Angst vor dem ungewissen Fortlauf war geblieben und das Gefühl, in einem „traumatisierten" Körper zu stecken. Bis heutige begleiten mich diese beiden schwierigen Empfindungen. Mal mehr, mal weniger. Nach dem Absetzen der Medikamente spürte ich sie eine Zeit lang ganz körperlich: Manchmal zitterte ich buchstäblich oder mir schlotterten die Knie. Am liebsten hätte ich in solchen Momenten vor lauter Panik meinen Körper abgestreift und wie einen Kokon einfach auf die Erde fallen lassen. Am liebsten wäre ich als Schmetterling daraus hervorgestoßen und weggeflogen, frei und unbelastet. Es fühlte sich an, als ob ich auf einem zugefrorenen See schlitterte und nicht wusste, wann und wo das Eis Risse bilden würde. Immer war Vorsicht geboten. Nie wusste ich, wann mich das Wasser mit seinen riesigen Händen wieder in die eiskalte Tiefe ziehen und erneut einfrieren würde.

Zu Beginn schob ich es in mir weit weg, in eine dunkle Ecke ohne Tageslicht. An manchen Tagen traten Trauma und Angst jedoch daraus hervor. Sie wollten gesehen werden, sie wollten aus der Dunkelheit heraus und frei durch meinen inneren Seelengarten springen. Hin und wieder fasste ich den Mut, sie ein paar Momente lang anzuschauen. Huschende Blicke, wie bei einem kleinen Angsthasen. Inzwischen sind die beiden schwierigen Gefühle mit kleinen feinen goldfarbenen Tageslichtstrahlen angeleuchtet. Das Trauma, die Angst und ich – wir erlauben uns regelmäßig einen kurzen Blickkontakt.

Es ist auch der Tod, der mich in diesen Momenten frech angrinst. Er ist jedoch lebendiger, nicht so starr – manchmal springt er wie ein kleiner Gnom auf meine Schulter. Und dann laufen wir beide im Zwiegespräch durch den Tag. Der Tod ist ein herrlicher Lehrmeister. Er fokussiert gnadenlos direkt auf das, was wirklich wichtig ist. Er priorisiert das Leben und erinnert mich permanent daran, dass ich lebe.

Wir sind ein liebevolles Vierergespann: das Trauma, die Angst, der Tod und ich.

Ich ahne, dass wir eine lebenslange, tiefe Freundschaft haben werden.

Inzwischen glaube ich, dass alle Menschen, die in einem schwer kranken Körper stecken, auf irgendeine Art und Weise traumatisiert sind. Eine Diagnose, wie Krebs, ALS, MS oder Parkinson, zu bekommen – das

macht etwas. Operationen, Chemothera-
pien, immer wieder neue Medikamente, mit
weiteren neuen Nebenwirkungen. Das Leben
findet plötzlich wie an einem Abgrund statt.
Nur nicht abrutschen ... noch nicht!

Aber dieser Aspekt hat noch so wenig
Raum im psycho-sozialen Umgang mit
schweren Erkrankungen. Es gibt nur selten
konkrete Orte, Behandlungsmomente oder
Lebenssituationen, wo traumatische Gefüh-
le ausreichend zur Sprache gebracht wer-
den. Ich frage mich, wie es die Betroffenen
schaffen können, einen freundlichen, liebe-
vollen und lebendigen Weg der Heilung zu
gehen und dabei nicht in der Starre der
Angst verhaftet zu bleiben? Vermutlich wol-
len doch alle – so wie ich – tapfer sein und
einfach schnell weitergehen sowie die Zeit
der Perspektivlosigkeit und Ohnmacht
möglichst bald vergessen ...

Wenn die nächste Untersuchung ansteht oder wenn
es zu Rückfällen kommt, springen die Schattenge-
stalten schlagartig aus der dunklen Ecke hervor

und drängen sich in den Mittelpunkt der Gefühle. Erneut werfen wir gezwungenermaßen den Blick in den weit geöffneten Schlund der angstvollen Ohnmacht, des Schmerzes und des Todes. Jede und jeder bewältigt die Angst dann auf individuelle Art und Weise. Mir stehen verschiedene Dinge zur Verfügung: das Schreiben, das Malen oder ein Spaziergang mit meiner „inneren Nabelschnur", meiner tiefen Verbindung zu Gott. Das pure Sein in der Natur stärkt mich, aber manchmal kann auch eine einfache Ablenkung Wunder wirken. Wenn ich dem Zarten und Feinen mehr Raum gebe, schenkt mir das lichtvolle Momente. Und zu manchen Zeiten hilft auch einfach gar nichts, dann stehe ich wieder einmal nackt und hilflos im Feuer meines fragilen Daseins.

Wie dem auch sei – in meiner Erfahrung ist es möglich, mit (!) den schwierigeren Emotionen wie auf einer Achterbahn zu leben. Ja, wahrscheinlich ist es eine der urmenschlichsten Aufgaben überhaupt, den Tod, die Angst und den Schmerz neben sich zu dulden, sie freundschaftlich an die eigene Seite einzuladen. Besonders der Tod weist immer auf das Leben hin und zeigt auf dessen pralle Fülle. Er öffnet uns die Augen und macht uns demütig, andererseits lässt er uns fliegen. Und vielleicht liegt dieses tief gehütete Geheimnis eher im Fahrradkorb von kranken und gehandicapten Menschen und radelt dort über die Dauer des Lebens mit …

Leben findet immer in der Dualität statt und fordert uns damit auf, in Balance zu bleiben.

Der Tanz auf dem Drahtseil.

Schatz und Bürde zugleich.

Durchs Nadelöhr gehen

Ende Februar 2022 erreichten mich die ersten furchterregenden Berichte aus der Ukraine. Irgendwie hatte ich während des gespenstischen Lockdowns der Corona-Pandemie gedacht, es könnte eigentlich nicht noch schlimmer kommen. Aber Putin hatte es geschafft, mit seinen Gräueltaten die ganze Welt auf ein noch höheres Level an Panik und Schrecken zu treiben – zumindest mich. Die Bilder des Krieges krochen direkt unter meine Haut, setzten sich in meinem Körper fest und zack! Plötzlich hatte ich einen neuen Schub und lag bewegungslos auf meinem Sofa. Hätte sich der Krieg auf Deutschland ausgeweitet, wäre ich in diesem Zustand noch nicht einmal in der Lage gewesen, in den Keller zu flüchten …

Der rote Faden in den Händen meiner Ur-oma umschlingt mich, ohne dass ich es merke. Sie lebte in der Ukraine in der Nähe von Odessa am Schwarzen Meer, wo jetzt gerade alles verwüstet, zerbombt und in Schutt und Asche gelegt wird. Sie musste im gelähmten Zustand auf dem Viehwagen durch das Kriegsgebiet gezogen werden. Als ich die ersten Kriegsbilder sehe, ist mir diese Verbindung gar nicht mehr bewusst, aber dann ruft meine Mutter an. Sie weint. Augenblicklich bin ich in das Schmerzfeld meiner Vorfahren verstrickt …

Der Schmerz meiner Ahn:innen.

Mein inneres Leck.

Dieses Mal kostete mich der Schub viel Kraft und es ging mir ziemlich schlecht. Was wäre, wenn ich nicht mehr auf die Beine käme? Und dann noch der Krieg! Ich hatte Panik und war emotional in einem Ausnahmezustand. Meine Ärztin motivierte mich, einen Termin für die Hyperthermie zu vereinbaren. Glücklicherweise war ich nach ein paar Tagen transportfähig und konnte mit Unterstützung sogar die Treppe nach unten steigen. Mein bester Freund fuhr mich mit seinem Camper zu meiner Lieblingsklinik.

Inzwischen hatte ich mehrere Hyperthermien hinter mir. In diesen drei Stunden erlebte ich jedes Mal den Moment, in dem ich es durch ein Nadelöhr schaffen musste. Meistens begann der Prozess, wenn das Fieber stieg. Dann wurde ich unruhig und wollte am liebsten aus dieser heißen Enge entfliehen. Oft spürte ich eine gnadenlose Wut in mir aufsteigen, wollte schreien, weglaufen oder meinen Körper abstreifen. Manchmal lähmte mich auch eine tiefe Angst.

Dieses Mal war es schlimmer als sonst. Ich hatte mich bereits durch den aktuellen Schub gequält und lag nun mit wahnsinnigen Schmerzen in dem Zelt. Das Fieber kletterte innerhalb kürzester Zeit auf 39 Grad. Ich drehte fast durch. Mein Puls explodierte, meine Sauerstoffsättigung ging nach unten. Die Krankenschwester rief nach einem Arzt. Ich bekam Sauerstoff, sehr starke Schmerzmittel sowie eine Spritze zur Beruhigung. Der Arzt wollte die Therapie abbrechen, aber ich flehte ihn an, im Fieber und im Zelt bleiben zu dürfen. Ganz bewusst wollte ich weiter durch das Nadelöhr gehen. Mein Körper fühlte sich an wie im Krieg. Alles in mir war im Kampfmodus gegen die Erreger, gegen die Besatzungsmacht, die mich immer wieder versuchte, zu zerstören. Ich hatte Panik. Krieg im Innen und im Außen. Im Fieber platzte sie dann aus mir heraus, diese zerstörerische, abgrundtiefe, lebensbedrohende Angst – und die Angst vor dem Krieg. Die Schwester ließ mich nicht mehr allein, stand bei mir, brachte mir kühlende Tücher und berührte mich streichelnd und tröstend durch die kleine Öffnung im Zelt. (DANKE, liebe Ruth.)

Und dann – irgendwann – rieselte Frieden durch meine Zellen. Der innere Aufruhr ebbte ab. Der innere Krieg, der meine Familie bis heute zutiefst traumatisiert zurückgelassen hat, kam zur Ruhe.

Als ich am nächsten Morgen aufgewacht bin, war meine Zunge komplett schwarz. Ja, wirklich, sie sah aus wie verbrannte Erde. Die Ärzt:innen standen während der Visite um mich herum. So eine Zunge hatten sie noch nie in ihrem Leben gesehen. Mein Körper schien das lähmende Gift und die toten Erreger regelrecht aus mir heraus zu spucken.

Eine Ärztin nahm sich einen Stuhl, setzte sich neben mich, schaute mich liebevoll an und fragte, was da gestern passiert sei. Ich beschrieb ihr meine Gefühle, meine Ängste, meine Panik. Und ich erzählte ihr die Geschichte meiner Uroma. Die Gänsehaut auf ihren Unterarmen war regelrecht spürbar. Dieses Mal sprach sie (!) von der Möglichkeit eines transgenerationalen Traumas. Sie ermutigte mich, auf diesem Weg weiterzugehen.

Als ich nach Hause kam, bildete sich ein riesiger Abszess an meiner Hüfte. Noch mehr Toxine wollten aus meinem Körper entweichen.

Es half alles nichts, ich musste die Schublade doch noch einmal ganz öffnen und mich meiner Angst stellen. Ich sammelte allen Mut zusammen, um mich ihr sanft anzunähern. Ich fand erste Worte und trat mit ihr in den Dialog. Meine Therapeutin half mir dabei. Als ich ihr von meinem „Nadelöhr" erzählte, wurde sie zunächst ganz still. Dann berichtete sie mir von ihren Erfahrungen als Sterbebegleiterin und dass sie diesen Engpass in den letzten Lebensstunden sehr gut kenne – den Moment kurz vor dem Tod, wie ein schmaler Spalt, durch den wie alle letztlich hindurchkommen müssen, ohne Ausnahme.

Ich weinte bitterlich.

Ja, das ist meine Angst! Endlich kann ich sie ganz deutlich benennen. Es ist nicht der Tod selbst, nach ihm habe ich mich schon so oft gesehnt. Schon mehrfach habe ich einen Blick hinter den Vorhang werfen dürfen, der beide Welten scheidet. Diesseits. Jenseits. Vor dem Tod habe ich keine Angst. Nein, es ist der Moment kurz davor. Das ist der schwerste und tiefste Moment meiner Angst. Jetzt verstehe ich es, jetzt kann ich es klar sehen.

Dieses Nadelöhr müssten die Menschen in der Regel nur ein einziges Mal passieren, meinte meine Therapeutin, aber ich sei schon mehrfach durch dieses Tor geschritten. Kein Wunder also, dass ich solche Angst hatte. Genau diese Angst bricht wie ein dickes, eitriges Geschwür bei jedem Schub wieder auf.

Ich schreibe, male, trauere, kämpfe, heile und meditiere mich durch diese Angst hindurch. Dafür gibt es kein Patentrezept, keine Gebrauchsanweisung. Hinter dem Nadelöhr ist Licht, das kann ich glasklar spü-

ren. Diese Erkenntnis tröstet mich und schenkt mir Mut. Im Moment spüre ich Frieden in mir, aber ich weiß nicht, ob er bleibt.

Dieses Mal war ich mir sicher, körperlich gesund nach Hause zu kommen. Aber mein R4 kreierte weiter seine eigenen Regeln …

Spielten sich Leben, Krankheit und Heilung gar in noch viel komplexeren Dimensionen ab? Womöglich konnten wir Menschen diese Dimensionen mit unserem Verstand nicht einmal annähernd erfassen. Vielleicht, so dachte ich, waren wir, die Welt und unsere Vorfahren ja über alle Zeiten hinweg miteinander genetisch verbunden. Ich stellte mir unsere ganze Welt und unser aller Leben als ein einzigartiges Mysterium vor, als ein magisches Netzwerk der All-Verbundenheit. Alles wirkte darin zusammen. Nichts war vom anderen getrennt.

Ich würde wohl nie abschließend wissen können, wie alles zusammenhing, aber ich konnte eines ganz bestimmt weiterhin tun: der Spur meiner Seele folgen. Viel wichtiger war es doch, die nächsten Schritte zu entdecken und jetzt lebendig zu sein.

Alles außer gewöhnlich

Frei nach dem Motto von Pippi Langstrumpf –
„Das habe ich noch nie probiert, also geht es sicher
gut" – ging mein neu geschenktes Leben weiter.
Ich war mit vielen Fragen konfrontiert, die ich zum
Teil schon gut kannte: Wie komme ich zum Arzt,
wenn ich nicht lange sitzen und laufen kann? Wie
erreiche ich die nächste Klinik? Wie kann ich
einen Frisörbesuch realisieren? Wie ziehe ich alleine meine Socken und Schuhe an, wenn ich
unterwegs bin? Wie kommt die Wäsche in den
Keller und der Einkauf in die Wohnung? Wie
kommt das Essen auf den Tisch? Wie schaffe ich
es, meine Wohnung zu putzen? Wie erledige ich
zwei Termine an einem Tag? Und wie komme ich
zu meinem Zahnarzt?

Und dann die ganzen „Luxus"-Fragen: Wie gehe
ich auf ein Fest, in ein Restaurant oder ins Kino,
ins Theater oder auf ein Konzert, wenn ich nicht
länger als eine Stunde auf sein kann? Kann ich mal
wieder reisen? Wie bin ich eine gute Gastgeberin,
wenn uns Menschen besuchen? Kann ich andere
Menschen besuchen? Kann ich sogar jemals wieder neue Menschen kennenlernen und neue
Freundschaften schließen?

Für mich lagen diese Fragen permanent außerhalb meiner Komfortzone.

Ich benötige für alle meine Reisen bis heute immer eine Person, die mich fährt und natürlich ein passendes Auto. Immerhin habe ich überhaupt die Möglichkeit, an einen anderen Ort zu kommen. Franz und ich haben uns angewöhnt, immer eine klappbare Matratze mitzunehmen, auf der ich vor Ort liegen kann. Ich habe mir auch eine Klappliege zugelegt, die immer mitreisen darf. Mein Sofa, meine Matratze, meine Liege – sie zählen zu meinen wichtigsten Überlebensutensilien.

Auf dieser Matte bei Freunden im Esszimmer so halb unter dem Tisch zu liegen, war zu Beginn nicht wirklich prickelnd, aber ich wollte doch unbedingt am Leben teilnehmen. Wenigstens, so gut es ging. Und da war sie wieder, die Scham. Manchmal lachte sie einfach frech um die Ecke und grinste mich schelmisch an. Ja, ich schämte mich, mich so zerbrechlich zu zeigen und das wollte geübt werden. (Noch einmal: Nein, ein Rollstuhl ist keine Alternative.)

Ein Satz meiner Therapeutin motivierte mich: „Vielleicht sind Sie ja eine reinkarnierte römische liegende Königin." Wir lachten beide herzhaft. Später wandelte ich das innere Bild der römischen Königin in eine Wikingerkönigin um und begann meine neue Rolle einzuüben. Ich war noch nie eine Königin, daher war es eine sehr seltsame Herausforderung. Ich war hungrig genug auf das Leben, um es auszuprobieren. Ja, mein Appetit war nach all der Zeit einfach riesig! Das Leben zerrte heftig an mir. Rückzug gab es nicht. Es ging nur nach vorne.

Vor meiner Familie oder meinen nahen Freunden auf dem heimischen Sofa zu liegen, war die eine Sache. Es fiel mir auch leicht, bei meiner Schwägerin auf dem Sofa zu liegen. Eine ganz andere Sache war es, mich vor fremden Menschen in dieser Position zu zeigen. Zum Beispiel, wenn eine neue Geschäftspartnerin von Franz bei uns vorbeikam. Am Anfang „praktizierte" ich noch Rückzug, indem ich in einem anderen Raum blieb. Aber ich wollte das Leben ja spüren, wieder neugierig sein, neue Menschen und deren Geschichten kennenlernen. Und so übte ich mich darin, meine Geschichte zu kommunizieren und als liegende Königin dabei zu sein.

Beinahe ein Jahr später hat mich eine Freundin und Arbeitskollegin zu sich nach Hause eingeladen.

Ihren Mann hatte ich schon ein paar Mal gesehen, aber ihre Tochter mit Enkelkind kannte ich noch nicht. Wieder eine neue Etappe. Meine Freundin kochte für uns alle und servierte das leckere Essen auf dem Wohnzimmertisch. Plötzlich saßen und lagen die gesamten Familienmitglieder gemeinsam mit mir um den Tisch auf dem Boden oder dem Sofa und wir genossen das herrliche Essen und Zusammensein. Ah ja – so könnte es also gehen?

Diese Freundin lud mich ein dreiviertel Jahr später wieder ein, dieses Mal zu einem Geburtstagsfest. Es waren lauter Menschen eingeladen, die ich nicht kannte.

Und jetzt?

Ich war schrecklich aufgeregt. Wieder schämte ich mich und hatte Angst, mich vor den versammelten Geburtstagsgästen zu zeigen. Was würden sie wohl über mich denken, wenn ich mich hinlegte? Sicher würden mich alle irritiert anschauen.

Der Moment kam.

Ich packe all meinen Mut zusammen und lege mich auf die freie Couchseite. Regen

prassele ans Fenster und die Tropfen rin-
nen sanft an der Scheibe herunter. Draußen
tobt gerade ein Sturm, genau wie in mir.
Ich konzentriere mich auf meinen Atem und
werde ruhiger. Die Blicke der anderen sind
zu spüren, aber ich vermeide es, sie vor-
eilig zu deuten. Plötzlich sitzt meine Freun-
din an meiner Seite und dann kommt eine
Freundin von ihr mit dazu. Am späteren
Abend stehen und sitzen viele Frauen und
Männer um mich herum und wir erzählen
und lachen gemeinsam. Es ist herausfor-
dernd, herrlich und beflügelnd zugleich.
Besonders deshalb, weil ich meine Ge-
schichte gar nicht erzähle. Ich zeige mich
einfach, so wie ich bin. Ohne jedes Warum.

Die Konfirmation meines Patenkindes meisterte
ich gemeinsam mit Franz, Oskar und einer Holly-
woodschaukel. Ich verbrachte einen zauberhaften
Tag mit meiner Freundin, ihrem Mann, meinem
Patenkind und ihren Freund:innen im sonnigen
Sommergarten.

Ich hatte solch ein Glück! Mein bester Freund fuhr
mich und Franz mit seinem Camper – er heißt „Ottilie" – oft an neue Orte, mal an den Rhein, mal an

den Bodensee oder in den Schwarzwald. Kleine Reisen in der Nähe, aber immerhin echte Reisen!

Wenn Oskar oder Ottilie als Notfallplan für lange Wartezeiten vor der Tür standen, habe ich mich auch in ein Restaurant getraut. Das war jedes Mal ein Fest.

Vor ein paar Wochen konnte ich seit Jahren mal wieder an einer Lesung teilnehmen. Franz hat meine Liege mitgenommen und vor Ort aufgestellt. Ich lag (!) in aller Öffentlichkeit und lauschte den Worten der Autorin.

Ja, es bedeutet immer noch Stress für mich, mich von unserer schützenden Wohnung wegzubewegen und mich „draußen" in meiner Verletzlichkeit zu zeigen. Jede Grenzüberschreitung kostet neue Kraft und neuen Mut. Jedes Mal begegne ich erneut meiner Angst und meiner Scham. Tausend Fragen und Gedanken purzeln dann quer durch meinen Kopf, aber es gelingt mir mehr und mehr, sie als ein quirliges Getummel zu sehen, wie höchstlebendige Kinder auf einem Spielplatz.

Im Alltag ankommen

Über die Jahre bin ich mehr und mehr im Hier und Jetzt gelandet. Zunächst war mein Alltag in Sequenzen getaktet, etwa fünfzehn bis zwanzig Minuten: Frühstück richten, essen. Pause. Mittagessen kochen. Pause. Essen. Pause. Aufräumen. Und so weiter. Mit der Zeit konnte ich die Dauer der Einzelsequenzen ausdehnen. Jetzt kann ich schon wieder kochen, essen und die Küche aufräumen ohne Pause. Cool, oder?

Alles darf liebevoll geplant sein. Die Fragen rund um eine gute Balance sind zu meinen neuen Begleitern geworden: Wann gehe ich ins Dorf zum Einkaufen? Was ist dringend, was kann warten? Welche Menge kann ich alleine nach Hause tragen? (Was vergessen? Ein zweiter Weg ist nicht möglich.) Kann ich anschließend ausreichend Pause machen, um mich zu erholen?

Mein R4 hat mich Schritt für Schritt in eine tiefe Achtsamkeit geführt. Ich kann seine Bedürfnisse nicht übergehen, jeder Versuch, ihn zu überlisten, scheitert einfach immer.

Ich habe noch etwas entdeckt: Es beflügelt mich mehr und mehr, die kleinen Dinge des Alltags als großes Geschenk zu betrachten. Alles, was ich früher unachtsam und eher genervt so nebenbei gemacht habe, ist zu einem Geschenk geworden. Ich habe gelernt, Brot zu backen und genieße dabei den Teig zwischen meinen Fingern und den Duft, der aus dem Ofen dringt. Eine große Freude besteht darin, für Franz und sein Team jeden Tag zu kochen. So fühle ich mich nützlich und spüre meinen Wert. Das sind alles Dinge, die in meinem Leben „davor" – zwischen beiden Jobs – aus Zeitmangel unmöglich gewesen wären. Ich liebe es, meine Hochbeete zu bepflanzen und später zu beernten.

Und ich liebe meine länger werdenden Spaziergänge.

Die Rosen und Wildpflanzen am Straßenrand.

Die kreisenden Vögel am Himmel und die zwitschernden Spatzen im Gebüsch.

Ich habe unsere Wohnsiedlung noch einmal ganz neu kennengelernt. Mein Leben ist wie der Blick durch ein Vergrößerungsglas geworden. Mein kleiner Mikrokosmos ist gewachsen und beschenkt mich mit wundervollen Details. Allein das Beobachten der Bäume, Sträucher und Blumen während der Jahreszeiten ist magisch für mich und ein Grund, tief dankbar zu sein. Die duftenden Früchte im Herbst, das gemähte Gras im Spätsommer, das kühlende Wasser unseres kleinen Baches an heißen Tagen. Alles, was ich auch vorher schon gesehen und gespürt habe, hat nach dieser langen, schweren Zeit eine ganz neue und besondere Qualität und Tiefe erhalten.

Als ich wieder ein ganzes (!) Buch lesen konnte, war ich überglücklich. Es ist inzwischen auch wieder möglich, meine Seele durch ein langes Musikstück ins Schwingen zu bringen.

Ich stelle mir vor, wie ich früher getanzt habe. In mir schwebt der Rausch der Bewegungen. In jeder meiner Zellen ist dieses Gefühl lebendig. Franz ist mit mir an einen See gefahren, wir übernachten im Bus. Am nächsten Morgen wache ich auf und ertappe mich dabei, sofort in den See springen zu wollen. Einen kurzen Moment lang habe ich vergessen, dass es nicht mehr geht. Aber es ist schön, dass sich meine Zellen daran erinnern, wie es ist, zu schwimmen. Ich verbinde mich weiter mit dieser Erin-

nerung, einfach, damit ich dieses Gefühl nicht verliere. Wer weiß, vielleicht ... eines Tages ...

Meine Therapeutin hat mir einmal eine wunderbare Geschichte erzählt, sie handelt von einer Vernissage des Künstlers Joseph Beuys. Die Besucher:innen hatten die Möglichkeit, in einen von ihm gestalteten Raum zu treten, mussten sich aber leicht (ver)neigen, um hineinzugelangen. Sie kamen nur auf diese Art an den Ort, der ein Ort der Stille war – ein Raum, der den Lärm der Welt verschluckte.

Ja, genau so fühlt sich mein neues Leben an. Es ist wie ein leichtes Verneigen in Demut vor dem, was gerade ist. Mein Leben hat mich in einen neuen Raum geführt, in eine Welt der Stille, in der vorher nur mein eigener innerer Lärm zu hören gewesen ist.

Kreativ und schöpferisch sein

„Unser wahres Analphabetentum ist das Unvermögen, kreativ schöpferisch tätig zu sein." Dieser herausfordernde Satz von Friedensreich Hundertwasser hat mich sehr tief berührt. Er löste etwas aus in mir und öffnete mein Herz. Nach einer Ewigkeit auf dem Sofa spornte er mich an, darüber nachzudenken, wie es mir möglich sein könnte, trotz und mit meinen Schmerzen ein schöpferisches und kreatives Leben in Fülle zu leben? Dieser Wunsch, der eine große Sehnsucht in sich trug, wurde zu einer neuen Triebfeder.

(Alles, was ich in diesem Abschnitt beschreibe, ist nur möglich, wenn ich mich auf meiner Schmerzskala bis maximal sieben befinde. Wenn der Schmerzpegel darüber liegt, bin ich weiterhin nur im Überlebensmodus – oder schöner ausgedrückt: im Sein des Momentes.)

Da gab es zum einen das kreative, schöpferische und sinnliche Tun, also das Gestalten und Erschaffen mit den Händen. Dazu gehörte beispielsweise das Malen. Die farbige Pastellkreide in meinen Fingern, ihr typischer Geruch in meiner Nase. Es genügte, einfach meiner Intuition zu folgen und mein Inneres farbig auf ein Blatt Papier bringen.

Oder ich lief durch den Wald, fühlte das weiche Moos unter den Füßen und sammelte herrlich duftende Wildkräuter für ein leckeres Mittagessen –

ganz frisch. Das hat mich wieder zurückgeholt in die Freude, in die sinnliche Welt, in den Genuss.

Aber was war aus meiner schöpferischen Gedankenkraft geworden?

Ich erschrak, als mir bewusst wurde, wohin mich meine Gedanken tagtäglich zogen. Je länger mein Wunder im Schneckentempo vorankam, desto mehr fiel mein gesamtes System wieder in den Kampf- und Verteidigungsmodus zurück. Natürlich füllten all die schönen Aktivitäten zusammengenommen weiterhin nur wenige Stunden, während der Großteil des Tages buchstäblich „liegen blieb". Mein mentaler Blick war deshalb immer noch auf das ausgerichtet, was mir fehlte: nämlich meine Gesundheit! Und dieses innere „Mangel"-Mantra fütterte ich weiterhin mit negativen Gedanken – wie ein hungriges Monster. Hunderte Male am Tag schob ich die immer gleichen Gefühle und inneren Bilder in sein gieriges Maul. Und so blieb an manchen Tagen der Blick auf die Schönheit und Magie des Lebens einfach immer noch flüchtig.

In dieser Zeit bin ich über die Meditationen und Bücher von Dr. Joe Dispenza gestolpert. Als Neurowissenschaftler hat er insbesondere die Entstehung von Krankheit erforscht. Die komplexen Zusammenhänge zwischen Körper, Geist und Seele erklärt er wissenschaftlich, aber auf eine so wunderbare Art und Weise verständlich, dass ich zu noch tieferen Einsichten komme. Er schreibt, dass Stress eine der wesentlichsten Ursachen für genetische Veränderungen ist, denn er bringt den Körper aus seiner Mitte, aus seiner Balance. Er unterscheidet drei Formen: physischen Stress, also Traumata, chemischen Stress, also Gift- oder Schadstoffe und den emotionalen Stress von Angst, Sorge, Überlastung. Jede Art von Stress kann über 1.400 chemische Reaktionen in Gang setzen und über 30 Hormone und Transmitter produzieren beziehungsweise ausschütten. (Das Buch „Du bist das Placebo" habe ich verschlungen!)

Wenn ich mit diesen Augen auf mich blicke, nimmt Stress in meinem Leben – auch neben all der Fülle und Freude – ganz schön viel Raum ein. Es gibt physischen Stress, na klar. In einem kranken Körper zu leben, fühlt sich immerzu wie ein Trauma an. Den bio-chemischen Stress kenne ich rund um die Uhr: Schmerzen und Symptome, das heißt vor allem immer wieder eine Menge Viren und Bakterien. Von meinem emotionalen Dilemma der Ängste, Sorgen und Verluste ganz zu schweigen ... So gesehen hat mein Gesamtsystem richtig viel zu tun! Und dann der Blick zurück: Wie viel Stress wurde über Generationen hinweg in unserem Familiensystem weitergegeben? Es wundert mich gar nichts mehr ...

In Balance bleiben

Stress versetzt den Körper mehr oder weniger in eine Art „Kampf-oder-Flucht"-Modus und mobilisiert lebenserhaltende Energie. Der Körper soll ja bei einer echten Gefahr entweder davonlaufen oder kämpfen können. Doch wenn der Stress nicht nachlässt, kehrt der Körper nicht wieder in die notwendige Homöostase zurück, weil es sich weiterhin wie eine Bedrohung anfühlt. So geht dem System lebenswichtige Energie verloren, die aber woanders gebraucht würde, beispielsweise für das Zellwachstum oder auch die Zellreparatur. So kann man natürlich nicht gesund werden!

Joe Dispenza schreibt: „Die Zellen machen dicht, sie kommunizieren nicht mehr miteinander und werden ‚selbstsüchtig'." Er vergleicht die Situation im Körper mit einem Land, in dem fast alle Ressourcen für das Militär eingesetzt werden und deshalb nichts verwendet werden kann für die ganz normale Infrastruktur. Keine Schulen, keine Krankenhäuser, kein Neubau von Wohnungen, keine Reparaturen von Straßen und so weiter. Letztlich würde nicht einmal das Telefonnetz mehr funktionieren oder die Lebensmittelversorgung.

Ich war wie vor den Kopf gestoßen, als ich das las. In diesem „Land" hatte ich die ganze Zeit über gelebt, all die Jahre! Diese neue Erkenntnis hat mich bis ins Mark getroffen. Der Großteil meiner Ressourcen und meiner Energie flossen also ausschließlich in mein „Verteidigungssystem" und in meinen Kampf gegen Viren und Bakterien. Ich kannte ja die Wechselwirkung: Mehr Stress, mehr aktive Viren.

Wollte ich so mein neu geschenktes Leben weiterführen?

Joe Dispenza bezeichnet Stress auch als Mangel an Rhythmus und Harmonie und findet dafür den Begriff „Inkohärenz" – das bedeutet so viel wie Chaos. Im Chaos klingt nichts wie eine fließende

Sinfonie. Da gibt es lediglich harte Töne, die laut und ohne Rhythmus den Takt bestimmen. Ja, genau so ließ sich der Kampf in mir beschreiben: kräftezehrend, herausfordernd, chaotisch, laut und polternd. Aber wie stellte ich in mir die Kohärenz wieder her? Meinen ureigenen Rhythmus, eine innere Ordnung, den Flow?

Das ist eine harte Arbeit. Ich muss so viel Konsequenz, Klarheit und Disziplin aufbringen, damit mein inneres Gleichgewicht nicht verrutscht. An manchen Tagen schaffe ich es einfach nicht, da weht mein Wille nur wie ein flüchtiger Windhauch durch die unvollkommenen Ritzen meines Menschseins. Dann stecke ich fest in meinem Hamsterrad im Kopf und meine Gedanken drehen ihre Runden. Um es zu bremsen, daraus auszusteigen und mich schöpferisch mit meinem neuen Leben zu verbinden, muss ich fokussiert und konzentriert sein. Ich setze mich zur Meditation, das entspannt mich etwas. Meistens meditiere ich aber im Liegen. Egal, die Hauptsache ist, dass ich meinen inneren Kompass jeden Tag aufs Neue ausrichte auf meinen heiligen Weg. Ich darf nicht aus dem Blick verlieren, was mir wichtig ist. Ich drehe die Kompassnadel in Richtung Gesundheit und pralles Leben ...

Ich habe jeden Tag die Möglichkeit zu entscheiden, durch welche Brille ich heute schauen möchte. Entscheide ich mich dafür, das zu sehen, was ich verloren habe oder dankbar für das zu sein, was ist? Die Brille „Trauer und Verlust" kostet immer viel Kraft und hält den Tag geduckt zwischen dunklen Wolken. Die Brille „Dankbarkeit" schenkt mir glückliche und freudige Momente, egal wie wenige es dann sind.

***

Bei Joe Dispenza fand ich auch Interessantes auf dem Gebiet der Spontanheilung. Er hat viele Menschen interviewt, die ein Heilungswunder erlebt haben, nachdem sie bereits austherapiert und von der Medizin „aufgegeben" worden waren. Er stellte ihnen die Frage, was sie wieder ins Leben zurückgeholt hat? Bei fast allen spielte der Glaube an eine höhere Intelligenz eine sehr große Rolle. Genau wie bei mir. Es war meine Verbindung zu Gott (meine Nabelschnur) gewesen, die mich wieder ins

Leben gezogen hatte. Ja, als nichts mehr ging, als ich mich von Franz und von meinem Leben verabschiedet hatte, konnte ich nur noch loslassen. Ich fiel auf den Grund meiner Existenz. Noch tiefer ging es nirgendwohin. Und an genau dieser Stelle hatte ich meine Ganzheit und meine Vollkommenheit entdeckt. Vielleicht zum ersten Mal in meinem Leben hatte sich das Gefühl eingestellt, dass ich gut war, so, wie ich war. Es existierte keine perfektere Version von mir. Ich musste mich nicht mehr „selbstoptimieren". Ich war an nichts schuld. Ich musste nicht besser werden. Es gab nichts mehr zu erlösen …

Einfach nur: ICH BIN.

Atmen.

Ich erinnerte mich daran, woher ich komme und wohin ich wieder gehe. Wenn Gott Licht, Liebe und Schöpferkraft war, was war dann ich? Ich war doch ein Teil dieser Quelle – für immer. Im Diesseits und im Jenseits.

Wenn ich diesen Erinnerungsfaden in meinen Fingern hielt, gelang es mir, schöpferisch kreativ zu sein. Dann zog es mich innerlich zum Leben hin.

In meinen Meditationen und auf Spaziergängen fühlte ich mich tiefer verbunden mit meiner Gesundheit, Ganzheit, Kraft und Fülle. In meinem Kopf stiegen positive Bilder auf, in meinem Herzen rankten schöne Gefühle empor. Da war kein Mangel mehr. Meine Nabelschnur wurde dicker und stabiler und mein Immunsystem wurde stärker.

Wenn ich so tief mit Gott verbunden bin, kann ich die Liebe in mir noch viel intensiver fühlen. Ja, ich fühle mich ganz, ich tanke Kraft und trinke Licht. Ich finde in einem Nu zurück zu meiner Balance und zu meinem Rhythmus. Jetzt bin ich wieder ganz handlungsfähig und kann täglich neu in den Fluss meines Lebens springen.

Neue Visionen finden

Ich las schon länger die Tagesimpulse von Veit Lindau, als ich eines Morgens auf seinen Kurs zum Thema „Berufung" stieß. Dieser Kurs leitete eine Wende in meinem neuen Leben ein. Er fiel mitten in den zweiten Lockdown und fand deshalb per Zoom mit Einzelgruppen-Meetings statt. Das war doch zu schaffen! Es hatten sich rund dreihundert Menschen angemeldet.

Ich lag schweißgebadet vor meinem Laptop. Wieder saß mir die Scham im Nacken, denn es war mir peinlich, nicht einmal läppische zwei Stunden sitzen zu können. Was dachten da die anderen, wenn ich mich in diesem Zustand auf die Suche nach einer neuen Berufung machte? Ich fürchtete, jemand würde mir sofort raten, erst mal richtig gesund zu werden. Aber es passierte genau das Gegenteil.

Der Kurs steuerte mit essenziellen Impulsen und Fragen ganz direkt in die Tiefe und es ging sofort ans Eingemachte. Alle zeigten sich ohne langes Vorspiel in ihrer inneren Nacktheit. Das war gut. Nach dem fünften Zoom Call war meine Scham wie wegradiert. Ich war all diesen Menschen unendlich dankbar für die gemeinsame Offenheit, weil ich wieder einmal spürte, dass nur in der Authentizität wahre Begegnungen möglich sind.

Inhaltlich waren wir gefordert, uns mit unseren Stärken und unserem Wertesystem auseinanderzusetzen. Es ging um die inneren Antreiber und Motoren, und es stand die Frage nach unserem Credo im Raum.

Ich erzähle meine Geschichte. Ich rede leise von meiner Berufung, die ich verloren habe, und gleichzeitig schwärme ich von den vielen Ideen, die ich jetzt noch habe. Plötzlich fängt eine Frau am Bildschirm zu weinen an. Ich bin irritiert. Was ist passiert? Sie erzählt unter Tränen, dass sie ein Leben lang gesund gewesen ist, sich jetzt im Ruhestand befindet und es dabei nie auch nur in die Nähe ihrer Berufung geschafft hat. Ja, sie beteuert, ihre Berufung noch nicht einmal im Ansatz zu kennen. Das berührt mich.

So oft war es einfach schon ein kleiner Perspektivwechsel, der mich gesegnet hat. Plötzlich konnte ich dankbar sein für die Lebenskraft, über die ich verfügte, trotz allem. Die entscheidende Herausforderung lag doch darin, die Balance zwischen meinen tatsächlichen Ressourcen und meiner Vision zu finden. Ich dachte an Viktor Frankl, der einmal geäußert hatte: „Nur wenn jemand eine Vision von der Zukunft hat, hält er durch – auch in der Not." Die Menschen, die im KZ die Vision eines besseren Lebens gehabt hatten, die mit Gott und mit bestimmten Werten verbunden gewesen waren, hatten eine weitaus größere Chance, am Leben zu bleiben.

Als ich im Zuge des Kurses immer wieder darüber nachdachte, wuchs mein neues Credo heran. Es zeigte sich dann vollständig in einer tiefen Meditation. Meine Seele schrieb die Worte mit Kreide auf eine imaginäre Tafel:

„Jetzt erst recht Ja zum Leben!"

Ich fühlte so ein tiefes, waches, klares Ja zum Leben, wie vielleicht noch nie zuvor. Ich spürte auch die Herausforderung in jeder meiner Zellen. Nein, natürlich nicht jeden Tag. Jeder Rückfall, wenn ich wieder auf Pflege angewiesen und ans Bett gefesselt war, beschwor meine Angst, meine Wut, Trauer und Ohnmacht wieder herauf. Aber dann hörte ich anschließend auch erneut das sanfte Klopfen im Herzen. Ich fing wieder an zu laufen, konnte irgendwann wieder mal eine Stunde sitzen und mich konzentriert meiner Visionssuche widmen.

Diese Rückschläge sind immer nur Unterbrechungen. Was bleibt, ist dieses tiefe JA, das in mir brennt und das ich weitergeben möchte.

Die fokussierte Kriegerin

Ich liege im Bett, halb schlafend, halb wach. Vor meinem inneren Auge sehe ich mich einen gespannten Bogen in der linken Hand halten. Es ist der Moment kurz vor dem Abschuss des Pfeils. Ich bin konzentriert und fokussiert und halte den Blick auf das Ziel gerichtet. Ich fühle mich stark und kraftvoll. Diese gebündelte Kraft von Pfeil und Kriegerin fasziniert mich. Von ihr will ich mich leiten lassen.

Ja, es gibt die liegende Königin in meinem Leben, aber es gibt auch die innere Wikingerkraft, die mir meine Ahn:innen weitergereicht haben.

Irgendwie dachte ich früher immer, eine Berufung sei etwas ganz Großes, etwas ganz Besonderes. Aber darum geht es nicht. Es geht auch nicht um meine Träume. Davon habe ich viele, allen voran den von meiner Gesundheit. Mein Leben ist aber jetzt wertvoll, egal wie krank oder gesund ich gerade bin.

Für mich ist Berufung das, was mich jeden Morgen aus dem Bett zieht. Was mich jeden Morgen auf meine innere Übungsmatte stellt und dranbleiben lässt, ob ich wirklich real aufstehen kann oder liegen bleiben muss. Mein Körper bestimmt den Takt. Vision und Berufung – das ist für mich schon die Freude, am Leben zu sein, mit Menschen in Kontakt zu kommen, mich für deren Projekte zu interessieren, zu sehen, wie gerne die Bäckersfrau ihre Brötchen verkauft. Menschen beflügeln mich, ihr Feuer zündet auch mich an und wir leuchten dann gemeinsam und erhellen die Welt.

***

Nach zwei Monaten intensiver Kurs-Arbeit standen auf meinem Visionboard drei klar formulierte Ziele:

Mein Buch – Es entstand vor allem im Liegen. Ich lernte während eines Zoom Calls eine junge, alleinerziehende Mutter von drei Kindern kennen. Auch sie schrieb ein Buch. Aufgrund ihrer Lebensumstände schaffte sie es oft nur, für zehn oder fünfzehn Minuten zu schreiben. Wir schickten uns gegenseitig unsere Texte zu. So blieben wir gemeinsam dran. Allein schon der Vorgang, eine

Stoffsammlung zu erstellen, hat mich angetrieben wie ein neuer Motor. Das Aufschreiben meiner Geschichte hat mir ein Stück Autonomie zurückgegeben und mir die Erfahrung meiner Selbstwirksamkeit geschenkt. Ich spürte endlich einen Sinn in meiner Geschichte, der über mein begrenztes Sofa hinaus in die Welt gebracht werden wollte.

Ort der Begegnung – Meine zweite Vision ging einen großartigen Weg. Eine Kursteilnehmerin hatte mich auf die Idee gebracht. Als ich vor der Gruppe erzählt hatte, wie sehr ich es vermisste, zu kulturellen Veranstaltungen gehen zu können, hatte sie prompt erwidert: „Na dann kommen eben Kunst, Kultur, Musik und die Welt zu dir." Im ersten Moment hatte ich schallend gelacht, aber dann fand ich die Idee irgendwie prickelnd und notierte sie auf meinem Visionboard.

Wieder war es Franz, der sich eine Lösung für die Umsetzung einfallen ließ. Er hatte inzwischen auf einem ehemaligen denkmalgeschützten Industrieareal unserer Gemeinde eine kleine Werkstatt angemietet. Bis dahin war er beinahe täglich nach Basel gefahren, um dort mit seinem Team „handmade" Liegeräder zu bauen. Jetzt sollte die Endmontage in Lauchringen stattfinden. Während der

Renovierung wuchs im Austausch mehr und mehr die Idee, diese kleine Werkstatt zu einem Ort der Begegnung zu machen. Franz taufte sie „Recumbent & Art" (Liegerad & Kunst). Als wir das Projekt unserem Bürgermeister und dem Gemeinderat vorgestellt haben, waren wir beide super aufgeregt. Franz, weil er dazu einen kurzen Vortrag halten würde und ich, weil ich wieder einmal nicht wusste, ob ich die Kraft haben würde, eine Stunde lang an seiner Seite zu sein. Franz hatte oben auf der Empore der Werkstatt meine Liege platziert. Dort konnte mich niemand beobachten, während Franz seinen Vortrag hielt. Aber ich war dabei und konnte wenigstens zu Beginn und am Ende der Veranstaltung an seiner Seite stehen.

Ein Jahr lang realisierte Franz dieses Projekt neben seiner Arbeit. An vielen Tagen hat es mich sehr traurig gemacht, ihm bei der Renovierung nicht helfen zu können. Wieder wurden wir reich beschenkt: Plötzlich standen unsere Freunde vor der Werkstatt und haben jedes Wochenende geholfen. Sie entdeckten ihre handwerklichen Fähigkeiten beim Malern, Schreinern, Gipsen und Fensterbauen. Sie waren da. Einfach so. Manchmal haben sie Franz aus dem Bett gezogen und ihm wieder Mut und Kraft zum Weitermachen gegeben. An anderen Tagen kamen weitere Freunde und die Familie vorbei, legten Kabel, brachten Licht an, strichen die Wände, putzten die Maschinen, schliffen die alten Schränke ab, entwickelten das Logo, backten Kuchen.

So ist dieser Raum mit ganz viel Liebe und von vielen Händen zu einem kleinen Schmuckstück geworden. Ich habe es – zumindest an vielen Tagen – geschafft, für alle Helfer:innen zu kochen. Wir waren eine Gemeinschaft und wir haben alle miteinander etwas Besonderes erschaffen.

Die ersten Exponate hängen an den Wänden. Franz hat mir eine schmale Bank gebaut, auf der ich liegen kann. Zur Eröffnung gibt es ein erstes Konzert, dann tritt eine Zirkusgruppe auf und sogar zwei Europameisterinnen im Kunstradfahren. Über 600 Menschen sind zu Besuch. Oskar parkt draußen am Rand und durch das aufgeklappte Fenster kann ich das bunte Treiben beobachten und der Musik lauschen. Dann sehe ich Freunde und schaffe es, für einen Moment zu ihnen herauszukommen. Es fühlt sich ein bisschen so an, wie in Liebe zu baden. Am Abend bin ich völlig erschöpft, aber überglücklich.

Meine zweite Vision hat uns beide gefunden. Und es soll noch besser werden:

Ab dem Jahr 2023 wird jährlich die größte Spezial-radmesse der Welt auf diesem Industrieareal statt-finden. Franz` kleine Werkstatt wird noch einmal neu zu einem Magneten und innovativen Attrak-tionspunkt. Künftig würden Menschen aus aller Welt hier eintreffen und miteinander den Spirit von neuer, nachhaltiger und klimaneutraler Mobilität erleben. Diese Messe zeigt ein buntes Spektakel muskelbetriebener Fahrzeuge: Velomobile, Klapp-räder, Liegeräder, Cargobikes und Gefährte für Menschen mit Handicaps. Wir werden zusammen feiern, und ich kann im Hintergrund daran mitwir-ken. Ja, die hübsche Österreicherin mit den rot geschminkten Lippen aus meinem Gruppen-Kurs sollte recht behalten: Die Welt kam nun buchstäb-lich zu mir nach Lauchringen.

Das Seminarhaus – Dieser Teil meiner Vision ist noch im Entstehungsprozess. Mein bester Freund gestaltet gerade sein Haus für Seminare um. Es soll ein Kraftort sein – für Kraftmenschen und Kraftideen. Immer wieder unterstütze ich ihn bei den Überlegungen zur Entwicklung seines Semi-narkonzeptes. Ich freue mich schon riesig auf das erste Seminar. Vielleicht schaffe ich es, mal liegend ein bis zwei Stunden dabei zu sein? Ich glaube daran.

***

Mit diesen Projekten ist wieder kreative Fülle in mein abgeschiedenes Dasein gekommen. Mich mit meinem Handicap in die Welt einzubringen, macht mir unheimlich viel Freude. Damit dies aber möglich ist, brauche ich entsprechende Nischen und eine Gemeinschaft mit offenen Menschen, die mit mir über den Tellerrand schauen. Das funktioniert nicht mit bürokratischen Institutionen. Alleine würde ich das jedenfalls nicht schaffen, und so wird mir an dieser Stelle erneut bewusst, wie wichtig die Vielfalt im Leben ist. Auf meinem bunten Flickenteppich stehen viele unterschiedliche kleine und große Füße, die die Welt zum Leuchten bringen.

Ich bewundere jeden einzelnen Menschen, der morgens wieder aufsteht, sich auf den bunten Flickenteppich seines Lebens stellt und mit all seinen Herausforderungen, seinem Schmerz, seinem

Kampf, seinem Handicap und seiner Sehnsucht weitergeht.

Für mich zählt, jeder Same, der in die Erde fällt. Ein Hoch auf die Nischen und die Buntheit der Welt! Ich liebe die Einzigartigkeit, das Unikat, das Besondere. Und ich liebe das, was uns verbindet. Wie heilsam könnte es sein, gemeinsam kreative Orte und Räume der Begegnung für alle Menschen zu schaffen – jenseits von Entfremdung, Ausgrenzung, Handicap und Anonymität. Und wie beflügelnd könnte es sein, außerhalb von starren Schubladen gemeinsam Visionen zu entwickeln, die der Würde des Einzelnen, dem Respekt vor dem Unperfekten, der Lust am Leben und der Achtsamkeit gewidmet sind. Jeder Mensch trägt sein individuelles Feuer in sich, an dem sich die Welt entzünden lässt.

Lauschen lernen

Mein Virus lehrte mich das Lauschen. Mein Virus wurde zu meinem Wandler.

Ich liege auf meinem Sofa und denke über mein neues Leben nach. Darüber, was das Virus mit mir gemacht hat. Und plötzlich muss ich lauthals lachen. Ich erkenne, dass mein Virus ein Anarchist ist. Fünf Minuten später gebe ich den Begriff in die Google-Suchmaschine ein und ich stoße auf Artikel, die von Freiheit, maximaler Eigenverantwortung und Gesetzlosigkeit handeln. Wie passt das zusammen? Nach längerem Nachdenken ist mir klar: Ja, das stimmt. Das ist die Bedeutung von Anarchie: Abwesenheit von Herrschaft. Ich beginne, mit dieser Vorstellung in meiner Fantasie zu spielen und stelle mir das Virus als wilde Frau vor, die in hohen Lederstiefeln steckt, einen langen Mantel und eine rote Mütze trägt und die sinnlichen Lippen in den Farbtopf des Feuers getaucht hat – sie glühen geradezu ... Mir fällt mein rotes Kleid wieder ein, das am liebsten aus jeder Schublade springen

möchte und schon immer die Freiheit ge-
liebt hat.

Rot – diese Farbe steht in meinen Augen für die
satte Kraft und die pure Lust am Leben. Morgen
kann es vorbei sein. Ich habe nur den Moment, den
Tag, die Stunde, das Jetzt. Die Vergangenheit ist
vorbei, die Zukunft noch nicht da. Diese tiefe Einsicht katapultiert mich immer wieder hinein in das
ekstatische, wild getanzte Leben. Dann bleibt mein
Blick radikal frei auf den Moment gerichtet – und
das bedeutet Freiheit. Wenn ich den Begriff der
Freiheit noch etwas weiter dehne, dann kann ich
bis in die Tiefe meiner Seele spüren, dass mich
mein Leben auf dem Sofa tatsächlich auf eine ganz
magische, ungeahnte Art und Weise frei gemacht
hat. Ich habe zwar meine Arbeit verloren, meine
Gesundheit, meine Kontrolle und auch meine alten
Visionen, aber ich bin jetzt erst wirklich frei. Ich
„muss" keine Rollen mehr erfüllen oder mit Ge-
triebenheit durch den Alltag navigieren.

Anarchie hat ganz direkt mit maximaler Eigenverantwortung zu tun. Auch das berührt mich zutiefst.
Ich habe jeden verdammten Tag die Wahl, mit
welchem Blick ich auf die tägliche Übungsmatte
des Lebens steigen will. Ich kann mich morgens

frei dafür entscheiden, als Opfer meinen Lebensumständen zu unterliegen, oder dafür, mein Schicksal anzunehmen und auf den Wellen meines Schmerzes zu reiten. Ich kann im Feuer stehen bleiben und alle meine Gefühle lieben lernen, statt sie abzulehnen.

Ein für allemal: Es gibt keine „Gesundwerden-Pille".

Und schließlich ist mein anarchistischer Virus auch total gesetzlos. Er hat all meine inneren Strukturen und Kausalitäten auf den Kopf gestellt und ignoriert sie bis heute. Ich weiß nie, nach welchen Regeln er morgen den Tag diktiert. Ob ich aufstehen kann oder wieder „gelähmt" auf dem Sofa liege. Ob ich mein kleines Tagespensum schaffen werde oder nicht. Mein Virus tritt an manchen Tagen das Leben mit Füßen, um dann wieder das Fenster für den Blick auf das Schöne zu öffnen.

Was ist richtig?

Was ist falsch?

Was ist wahr?

Welche Maßstäbe zählen? Wem gebe ich die Verantwortung für meine Gesundheit und wem mag ich mich öffnen auf der Suche nach Antworten oder Therapien? Ich habe gelernt, tiefer und tiefer auf meine Intuition einzulassen und ihr auf eine zarte und feine Weise mehr zu vertrauen. Ja, meiner inneren Führung zu folgen. Ich habe gelernt, mehr Toleranz aufzubringen für das Starke und das Schwache in mir, für das Heile und das unerlöste Kranke. Es ist ein Sowohl-als-auch. Nach jedem Kampf gibt es wieder Frieden. Es gibt immer auch eine andere Seite. Es liegt in meiner Hand, jeden Tag aufs Neue den Blick zu heben zum Himmel, zur Schönheit, zum Licht.

Mein Virus ist auch ein Rebell. Genau betrachtet war es der rebellische Teil in mir, der dieses Buch geschrieben hat. Als Rebellin erhebe ich damit meine Stimme für die Leisen, die gerade stumm und müde sind und vielleicht keine Kraft zum Kämpfen haben. Ich will an ihre Würde erinnern, an ihr Grundrecht, als Menschen behandelt und respektiert zu werden. Zu oft wird diese Würde nicht geachtet. Oder sie verschwindet einfach im Alltag zwischen Akten und bürokratischen Abläufen.

Gestern war ich noch gesund und heute bin ich krank. Es kann ganz schnell gehen. Heute bist du vital und fit und morgen kannst du schwach und verletzlich sein. Wo findet das Schwache und das Verletzliche dann Raum?

Zu Beginn meines Schreibens wollte ich „Covid 19" gar nicht erwähnen. Aber je länger mein Schreibprozess dauert, desto mehr betroffene Menschen lerne ich kennen, die unter „Long Covid" oder „ME/CFS" leiden. Ich lese und höre die tragischen Geschichten, in deren Schlepptau nun auch mehr Licht auf die Menschen fällt, die seit Jahrzehnten an „Postviralen Infektionen" leiden und nie gehört wurden. Das alles fordert neue Antworten ein und es ist noch nicht absehbar, wie diese Antworten lauten werden.

Mein Virus hat mein Leben radikal aus den Angeln gehoben. Und manchmal habe ich den Eindruck, dass die Corona-Pandemie weltweit ähnliche Wirkungen zeigt, die nach und nach ans Licht kommen.

Von meinem Sofa aus betrachtet scheint es auch so, als ob die Menschheit mit dem „Schneller, Höher, Weiter, Besser, Vitaler und noch Reicher" längst schon die Grenzen der Gesundheit unserer Erde überschritten hat. Ich glaube, wir können weder uns selbst noch diesen Planeten länger im endlosen Würgegriff des allseits gepriesenen Wachstums halten. Der Krieg in der Ukraine schnürt uns die Kehle zu. Menschen wie du und ich verlieren in einem sinnlosen Gemetzel ihr Leben oder erfahren unsägliches Leid. Die Energiewende steht an, das Ausmaß der Konsequenzen sind nicht annähernd kalkulierbar.

An manchen Tagen frage ich mich, ob wir Menschen als Ganzheit nicht an einem Wendepunkt stehen. Da ist eine unsichtbare Grenze, die uns stoppt, die uns zum Anhalten zwingt. Radikal betrachtet, ist es vielleicht sogar genau diese Grenze, die der Welt neues Wachstum schenkt – ein ganz anderes Wachstum. Wachsen nach innen, wachsen zu neuen Werten. Es kommt auf uns an. Wie entscheiden wir uns? Welche Hoffnungen und Visionen tragen uns in die neue Ära?

An so vielen Tagen hätte ich gerne am Gras gezogen, damit es schneller wächst. Aber eine gute Gärtnerin lässt ihrem Garten die Zeit, die er zum Wachsen benötigt, und sie gönnt ihm Pausen, damit er neuen Atem schöpft für das nächste Blühen.

Auch diese Facette lehrte mich mein Virus. Ich konnte keine einzige Phase meines Genesungs- und Wandlungsprozesses überspringen. Ich konnte meinen Körper zu nichts zwingen. An ihm herumzuzerren, machte die Sache nur noch schlimmer.

Ich spürte, dass es nicht mehr um die Makellosigkeit des Daseins geht, sondern um das Gegenteil. Ist es nicht sogar das Schwache und Unperfekte, das uns stark macht und wachsen lässt? Das uns empathisch macht und unser Herz liebevoll öffnet auch für die Schwächen der anderen? Liegt darin nicht sogar unsere Einzigartigkeit? Vielleicht wird in der Schwachheit erst unser Sein vollendet. Nicht (mehr) zu können, wie ich wollte, öffnete mein Herz für noch mehr Mitgefühl und Geduld. Wenn heute an der Kasse im Supermarkt eine alte Frau vor mir steht, die einfach Zeit braucht zum Verpacken ihrer Einkäufe, dann weiß ich, dass ich morgen wieder in einer ähnlichen Situation sein kann, in der ich die Langsamkeit, die Geduld und das Verständnis der anderen benötige.

Wenn ich heute an meinen Onkel denke, der als Obdachloser gestorben ist, dann bin ich noch mehr dankbar dafür, dass es in meinem Leben so viele Menschen gibt, die mich mit meinem unperfekten

Körper und meiner Schwachheit lieben. Die mich durch schwere Zeiten begleiten, mich liegend auf dem Rücksitz oder im Kofferraum transportieren, die mir Einkäufe nach Hause tragen, den Boden wischen, die Windel wechseln, mich waschen und mich halten, wenn ich mich verloren fühle. Wenn ich all diese Zuwendung nicht bekommen oder mich davor verschließen würde, wäre ich vielleicht auch schon längst ohne Dach über dem Kopf.

Wenn ich an meine Familie denke, die mehrfach flüchtend ihre Heimat verloren hat und in ihrem Gebrochensein doch immer wieder neu begonnen hat, ein Leben aufzubauen, dann weiß ich, dass mein Schmerz und mein Verlust eingebettet ist in ein größeres Dasein. Wenn ich heute Geflüchtete sehe, sind auch sie indirekt ein Teil von mir. Ich fühle eine starke Solidarität. Und noch einmal: Heute bin ich stark und morgen bin ich schwach. Heute bist du stark und morgen kannst du schwach sein.

Mein Virus hat mich die Kraft der Gemeinschaft und Verbundenheit gelehrt. Wir sind alle miteinander verbunden – mein lieber Franz, Freunde und Freundinnen, unsere Familien, meine ehemaligen Arbeitskolleg:innen oder Mitpatient:innen, auch die Krankenschwestern oder Krankenpfleger, Therapeutinnen, meine Ärztin, meine Pflegefachkraft und der Mann vom MDK … und all die Menschen, die so wie ich Hilfe benötigen.

Aber nicht nur wir Menschen sind miteinander verbunden, sondern alles Lebendige. Das ist vermutlich ein weiteres Phänomen, das eine sanfte Gärtnerin in ihrem Garten tagtäglich erfährt. Bäume, Pflanzen, Menschen und Tiere kommunizieren miteinander, gehören zusammen und sind nur gemeinsam ein Ganzes. Unser Leben funktioniert nur in Kohärenz, in Verbundenheit. Allein der Gedanke an eine Biene: Wenn es keine Bienen mehr gibt, dann gibt es keine Früchte mehr. Basta. So ein kleines Tier, wann haben wir vergessen, auf es aufzupassen und es zu schützen? In China müssen bereits jetzt schon die blühenden Bäume von Menschenhand bestäubt werden. Wollen wir diesen Weg wirklich so weitergehen?

Die weise Gärtnerin in mir lehrte mich auch Demut. Sie lehrte mich, mild und zart mit mir, mit anderen Menschen und mit der Natur umzugehen. Manchmal geht es einfach nicht noch besser oder schneller oder weiter. Manchmal geht es nur langsam vorwärts und nur wenig. Das Leben ist nicht selbstverständlich. In Wirklichkeit ist nichts selbstverständlich.

Ich bin bis heute dankbar für das kleine Futterhaus vor meinem Fenster. Es ist jeden Tag ein Geschenk, die singenden und flatternden kleinen Vögel zu beobachten. Wann haben wir vergessen, dass wir mit allem verbunden sind und nur miteinander stark sind? Als ich zuerst das Haus und dann auch das Bett nicht mehr verlassen konnte, habe ich gespürt, wie sehr ich die Natur vermisste. Als ich die ersten Schritte in die Natur wieder geschafft habe, wirkte sie betörend auf mich. Ich wusste nicht mehr, wann ich diese Intensität das letzte Mal gefühlt hatte. Deshalb war meine Dankbarkeit noch tiefer, als ich sie vorher gekannt hatte.

***

Mein Virus lehrt mich das Lauschen. Es fühlt sich so an, wie draußen im Freien zu stehen und außer meinem eigenen Atem, meinem Herzschlag und den Geräuschen der Natur nichts zu hören. Lauschend ist mein Leben so viele Stunden lang. Lau-

schend liege ich da, ohne jede Ablenkung, ohne jeden Reiz. Es gibt nur noch das Lauschen. Atem. Herzschlag. Vögel. Hummeln. Dann wieder die Geschichten der Menschen, die an mein Bett kommen. Zuhören und Lauschen ist eine hohe Qualität in meinem Leben. Davon wusste ich früher nichts, aber jetzt bin ich froh, dass ich es kann, einfach lauschen ...

Durian Sukegawa beschreibt diese Fähigkeit in einer wunderschönen Szene seines Buches „Kirschblüten und rote Bohnen": „In diesem Moment vergaß ich, dass ich mit einer scheußlichen Krankheit rang und die Leprastation nie verlassen würde. Auf einmal hatte ich das sichere Gefühl, etwas gehört zu haben. Tatsächlich – der Mond flüsterte mir etwas zu. Ich will, dass du mich siehst, sagte er. Nur deshalb leuchte ich. Seitdem sehe ich alles mit völlig anderen Augen. Wenn es mich nicht gäbe, gäbe es den Vollmond nicht. Auch die Bäume gäbe es nicht. Und auch nicht den Wind. Wenn mein Blick auf die Dinge erlischt, verschwinden sie. Das ist alles. Aber das gilt nicht für mich. Was wäre, wenn die Menschen nicht da wären? Und nicht nur sie, was, wenn es kein fühlendes Leben mehr auf dieser Welt gäbe? Alles würde für immer verschwinden. (…) Aber diese Art zu denken hat mein Leben verändert. Wir sind geboren, um die Welt zu betrachten und ihr zuzuhören. Das ist alles, was sie von uns verlangt. Das ist der Sinn unseres Lebens, und nicht, Lehrerin oder Angestellter zu werden." (DuMont, 3. Auflage 2019, S. 206)

Hier endet meine Geschichte. Wie die Reise wohl weitergeht? Manchmal schenkt uns das Leben weder eine klare Antwort noch das, was wir uns gewünscht haben. Aber anstelle dessen hält es stets ein waches leuchtendes Staunen für uns bereit.

Epilog

Eine Frau im Nachbarort leidet seit über zwanzig Jahren an ME/CFS. Sie ist bettlägerig und pflegebedürftig. Seit Jahren ist sie ohne hausärztliche Begleitung. Es gibt keinen Arzt, keine Ärztin, die sich mit diesem Krankheitsbild auskennt.

Eine meiner Mitpatient:innen ist eine alleinerziehende Mutter mit einem neunjährigen Sohn. Sie ist seit zwei Jahren bettlägerig und wird von ihrer siebzigjährigen Mutter gepflegt. Viren und Borrelien haben sie aus der Bahn geworfen. Ihr ist es nicht mehr möglich, eine Sprachnachricht an mich zu verfassen, (deshalb schreibt mir ihre Mutter manchmal eine WhatsApp). Sie ist bereits nach der Aussteuerung der Krankenkasse in das schwarze Loch der Behörden gestürzt und erhält jetzt dreihundertdreißig Euro Sozialhilfe. Die Katastrophenflut in Deutschland hat zusätzlich noch ihr Zuhause zerstört. Natürlich möchte sie sich und ihren Sohn gerne wieder selbst versorgen. Aber wie?

Meine Freundin ist gerade dreißig Jahre alt geworden und hat sich während der ersten Welle mit Corona infiziert und leidet nun an Long Covid. Sie sucht nach Therapien und Lösungen und gibt alles dafür, wieder gesund zu werden. Sie kann sich nur schwer konzentrieren und bewältigt ihren Haushalt nicht mehr. Der Kampf um die finanzielle Weiterversorgung hat begonnen. Sie hatte andere Pläne für ihr Leben.

Eine Internet-Bekannte leidet seit über zehn Jahren an schwerer Erschöpfung – ohne jede Diagnose. Sie ist fünfunddreißig Jahre alt und kann nicht ansatzweise einen Tag lang auf sein. Ihr Mann versorgt sie finanziell, seit sie keine Kraft mehr hat, es mit der Behörden-Box aufzunehmen. Jetzt bedrückt sie täglich der Gedanke, was aus ihr werden soll, falls ihr Mann sie eines Tages verlässt. (Für eine gesündere Frau.) Sie hat nur noch eine einzige Freundin.

**

Momentan gibt es in Deutschland geschätzt 250.000 bis 300.000 Menschen, die an ME/CFS leiden. Mit der steigenden Zahl der Corona-Erkrankungen steigt auch die Zahl der ME/CFS-Betroffenen proportional an, das heißt, ein immer größerer Teil der Long Covid-Betroffenen erhält die Diagnose „ME/CFS".

Meine Geschichte ist keine Einzelfallgeschichte mehr.

Es gibt immer mehr Menschen, die sich das Leben nehmen. Sie haben keine Kraft mehr und finden keinen anderen Ausweg. Sie zerbrechen in ihrer Ohnmacht an der Erkrankung, an der zermürbenden Bürokratie, an Einsamkeit oder an mangelndem Verständnis.

ME/CFS ist zwar seit 1969 bekannt, gehört jedoch zu den wenigen bisher noch weitgehend unerforschten Erkrankungen. Interessanterweise gibt es bisher kaum Studien zu dieser Erkrankung, obwohl immer mehr Menschen davon betroffen sind. Es gibt keine klaren medizinischen oder naturheilkundlichen Behandlungsmodelle für ME/CFS. Momentan gelten (vermutlich) alle Erkrankten als schulmedizinisch austherapiert.

Aber es macht mir Hoffnung, dass aktuell weltweit mehr Aufmerksamkeit darauf gelenkt wird. Es ist mein großer Traum, dass Schulmedizin und Naturheilkunde ihre jeweiligen Möglichkeiten als Synergien nutzen.

Wahrscheinlich können die meisten betroffenen Menschen dieses Buch nie lesen, da sie dafür gar keine Kraft haben. Aber vielleicht gibt es Freund:innen, Familienmitglieder, Versicherungsangestellte, Politiker:innen, Wissenschaftler:innen, Ärzt:innen oder Sozialarbeiter:innen, die es an ihrer Stelle tun.

Ich fühle eine tiefe Demut, wenn ich an all die Menschen denke, die ihre erkrankten Partner:innen, Eltern, Freund:innen oder Kinder über Jahre hinweg pflegen. Und ich bin allen Menschen dankbar, die beruflich mit den Betroffenen zu tun haben und sie auf diesem steinigen Weg unterstützen. Ich danke auch an all den Menschen, die sich um eine weitere Erforschung von ME/CFS bemühen, die um Akzeptanz und Forschungsgelder kämpfen und das Interesse in der breiten Öffentlichkeit fördern.

*

Mit diesem Buch gewähre ich einen intimen Einblick in mein Leben. Ich öffne mein tiefstes Inneres – stellvertretend für die Menschen, die in einer ähnlichen Situation sind, die still schweigen und ohne Worte bleiben. Ich weiß, diese Erkrankung ist erbarmungslos, und doch glaube ich daran, dass wir es schaffen können, in Würde damit zu leben und einen tieferen Sinn darin zu finden.

Danke sagen

Lange habe ich mir überlegt, wie ich meine kleine Danksagung formuliere. Würde ich Namen nennen, würde ich sicherlich jemanden vergessen. Somit danke ich an dieser Stelle allen Menschen, die für mich da waren und noch immer für mich da sind.

Ich danke Euch allen für jede liebevolle Geste, für jede Fußmassage, jeden Einkauf, jedes Gespräch, jede Unterstützung im Haushalt, jeden Trost, jede Postkarte, jede Blume, jedes Geschenk, jede WhatsApp und jeden Impuls.

Ich danke Euch für jedes leckere Essen und jeden Fahrdienst, für alle medizinischen, spirituellen oder therapeutischen Behandlungen, für jedes Gebet, Gedicht, Lied und für jedes ermutigende Wort.

Ich danke Euch für Eure Liebe, Eure Freundschaft, Eure finanziellen Gaben, Eure Verbindlichkeit, Eure Pflege, Euer Zuhören – und letztlich auch für Eure starke Ermutigung, während ich dieses Buch schrieb.

Ihr seid alle ein riesiges Geschenk für mich!

Autorin

Sylvia Furmaniak (*1968) wohnt am Hochrhein und ist glücklich verheiratet. Sie absolvierte zunächst das Erste Staatsexamen für das Lehramt an Grund- und Hauptschulen und schloss ein Studium als Diplom-Pädagogin ab. 2010 folgte eine Ausbildung als Heilpraktikerin. Bis 2018 war sie in eigener Praxis sowie als Diplom-Pädagogin tätig.

Sie erkrankte in 2004 an einer postinfektiösen Gehirn- und Hirnhautentzündung durch den EBV-Virus, die immer wieder rezidivierte und lange Phasen der Bettlägerigkeit nach sich zog. Erst 2022 erhielt sie die Diagnose: „ME/CFS" – „Myalgische Enzephalomyelitis / Chronic Fatigue Syndrome".

Kontakt:

www.meinroterr4.de
sylvia@meinroterr4.de

Empfehlungen

Rainer Maria Rilke. Briefe an einen jungen Dichter. 1929.

Viktor Frankl. Trotzdem Ja zum Leben sagen. Kösel 2005.

Samuel Koch. StehaufMensch!. Adeo 2018.

Elisabeth Tova Bailey. Das Geräusch einer Schnecke beim Essen. Piper 2015.

Ahmet Altan. Ich werde die Welt nie wieder sehen. Fischer 2018.

Anne Fleck. Energy – Wege aus dem Müdikeitslabyrinth. Dtv 2021.

Anthony Williams. Mediale Medizin. Kopp 2016.

Joe Dispenza. Du bist das Placebo. Koha 2020.

Durian Sukegawa. Kirschblüten und rote Bohnen. DuMont 2019.

Homepage ME/CFS: https://www.mecfs.de/

https://journals.plos.org/plosone/article?id=10.137
1/journal.pone.0132421

(aufgerufen am 7.12.2022)